JN065073

消防団員と
自主防災組織員のための

防災教育指導者テキスト

防災行政研究会　編著

東京法令出版

は じ め に

　我が国は、災害大国といわれているとおり、平成23年に発生した東日本大震災をはじめとして、大きな地震が定期的に発生し、今後も首都直下地震、南海トラフ地震の発生が予見され、さらに日本海溝・千島海溝周辺海溝型地震の発生も危惧されている。加えて、梅雨時期から始まる出水期には、毎年のように大雨による水害や土砂災害が発生し、特に近年では、その影響でまち全体が浸水するといった、大きな被害が発生しているところである。

　このように、様々な自然災害が頻発化、激甚化している中、常備消防をはじめとした、防災を担う行政機関だけでは、被害を抑えることは到底不可能である。災害発生時に最も大切なのは、とにかく自分の命を守ることであるが、それには、まずは幼い頃から、防災に関する知識を正しく習得することが必要となる。このため、既に我が国では、防災教育が盛んに行われており、学校においては、防災訓練をはじめとした、防災知識を習得するための取組がなされている。

　災害の態様は、地形などの地理的条件に大きく左右されることから、各地域において、その地に合った"生きた防災知識"を習得することが肝要である。

　防災教育において、この"生きた防災知識"を児童・生徒に伝えるためには、地域住民により構成され、地域の災害リスクを熟知する消防団員や自主防災組織員が、その防災教育に講師として参画することが最適解といえよう。

　しかしながら、消防団員も自主防災組織員も、通常は学校で防災教育を行うことに慣れておらず、持っている防災知識を十分に伝えることが難しいのが現状である。

　そこで、本書は、消防団員、自主防災組織員が、小中学校において防災教育を滞りなく行えるよう、具体的な授業の場面を複数想定し、そこに各消防団員、自主防災組織員が持つ知識を反映できるよう構成した。さらに、消防団や自主防災組織に関する基礎的な資料はもちろんのこと、授業中に児童・生徒に対して行う講評等のコメント例を掲載するなど、防災教育を行うための準備を全面的にサポートする内容となっている。また、消防団員、自主防災組織員と授業内容について調整を行う教職員に対しても、具体的にイメージできる内容としている。

　災害はいつ何時発生してもおかしくない。本書が、消防団員、自主防災組織員による防災教育の実施の一助となり、未来ある児童・生徒が活きた防災知識を習得すること、そして、それが地域防災力の向上に寄与することを願っている。

　最後に、本書の執筆に当たり、多大なる協力をいただいた、防災行政研究会の野崎みのり

氏、早川智美氏、静岡県の髙田恭平氏、そして松戸市消防局の髙橋佑氏にこの場を借りて、感謝申し上げる。

　令和5年7月

防災行政研究会　青野　洋

「指導用様式・素材」ダウンロードのご案内

　本書「第2部　防災教育の実践例」の各実践例で掲載している「指導用様式・素材」のデータを提供しております。下記のWebサイトにアクセスし、ダウンロードしていただくことにより、自由に編集してご利用いただけます。

https://www.tokyo-horei.co.jp/shop/goods/index.php?14656

目　次

第1部

消防団員、自主防災組織員等による防災教育の推進

消防団員、自主防災組織員の参画による防災教育の必要性

近年、地震、台風、集中豪雨、火災等の様々な災害が頻発し、今後南海トラフ地震、首都直下地震などさらに大規模な災害が発生する可能性が高いとされています。

多くの犠牲者を出した平成7年の阪神・淡路大震災では、ガレキの下から救助された人のうち、約8割が家族や近隣住民らなどによって救出されたという報告があります（図1）。また、特定の地域では、自力又は家族や近所の住民によって救出された割合が9割を超えるという調査結果もあります（図2）。

図1　阪神・淡路大震災における市民による救助者数と消防、警察、自衛隊による救助者数の対比

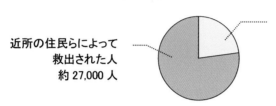

近所の住民らによって
救出された人
約27,000人

消防、警察、自衛隊によって
救出された人
約8,000人

出典：「大規模地震災害による人的被害の予測」（河田惠昭　自然災害科学第16巻第1号）

図2　生き埋めや閉じ込められた際の救助

自力で	34.9%
家族に	31.9%
友人・隣人に	28.1%
通行人に	2.6%
救助隊に	1.7%
その他	0.9%

0%　5%　10%　15%　20%　25%　30%　35%　40%

出典：「兵庫県南部地震における火災に関する調査報告書（神戸市内、標本調査）」（日本火災学会）

近年の災害状況、そしてこうした調査結果も踏まえると、災害時にはまずは住民が自らの安全を守る能力を身につけ、自助・共助により、来る大災害に備えることが必要となります。そのためには、幼少期から防災意識を醸成する防災教育について、その充実に取り組むことが重要です。これは、「消防団を中核とした地域防災力の充実強化に関する法律」（平成25年法律第110号）においても規定されているところです（資料集07）。同法第21条では、防災に関する学習の振興として、「国及び地方公共団体は、住民が、幼児期からその発達段階に応じ、あらゆる機会を通じて防災についての理解と関心を深めることができるよう、消防機関等の参加を得ながら、学校教育及び社会教育における防災に関する学習の振興のために必要な措置を講ずるものとする。」と規定されており、防災教育について消防団や自主防災組織の参加を得ながら、積極的に進めていくべきこととされています。

この規定のとおり、児童・生徒への防災教育を推進していくに当たっては、消防団や自主防災組織が参画することが極めて重要です。その理由は、消防団と自主防災組織の特徴にあ

ります。消防団は、公助の担い手でもありながら、基本的に地域住民で構成されることから、共助の担い手としての側面も有する地域防災の中核となる存在です。また、自主防災組織は、まさに共助の担い手です。こうした地域の事情を熟知した消防団員、自主防災組織員が小学校、中学校等の学校現場に出向いて、防災教育の指導者となることは、生きた防災知識を児童・生徒に伝える良い機会であり、今後積極的に実施されていく必要があります。

1 消防団とは

消防団は市町村の非常備の消防機関であり、その構成員である消防団員は本業を持ちながら、権限と責任を有する非常勤特別職の地方公務員として、「自らの地域は自ら守る」という精神に基づき、消防防災活動を行うこととなっています。

その活動は、消火活動のみならず、地震や風水害等多数の動員を必要とする大規模災害時の救助活動、避難誘導、災害防御活動など、災害対応において非常に重要な役割を果たしています。さらに、平常時においても、住民への防火指導、巡回広報、特別警戒、応急手当指導等、地域に密着した活動を展開しており、地域における消防力・防災力の向上、地域コミュニティの活性化に大きな役割を果たしています。

また、消防団は、次の3つの特性を有しており、総数は全国で約80万人となっています。

① 地域密着性（構成員である団員は地域の住民であることが多く、地元の事情等に通じ、地域に密着した存在であること。）

② 要員動員力（常備消防の職員（いわゆる消防士）の約5倍の人員を動員できること。）

③ 即時対応力（団員は、日々技術向上に努め、教育訓練に励み、災害発生時には即時に対応できる能力を保有していること。）

2 自主防災組織とは

自主防災組織とは、「自分たちの地域は自分たちで守る」という自覚、連帯感に基づき、自主的に結成する組織であり、災害による被害を予防し、軽減するための活動を行う組織です。

自主防災組織が日頃から取り組むべき活動としては、防災知識の普及、地域の災害危険の把握、防災訓練の実施、火気使用設備器具等の点検、防災用資機材の整備等があります。また、災害時においては、情報の収集・伝達、出火防止・初期消火、住民の避難誘導、負傷者の救出・救護、給食・給水等の活動が挙げられています。

その中でも、近年の災害の教訓を踏まえ、自主防災組織は、防災教育、避難行動要支援者対策、避難所運営に取り組むことがより期待されています。

自主防災組織は、地域において共助の中核をなす組織であるため、自治会等の地域で生活環境を共有している住民等により、地域の主体的な活動として結成・運営されることが望ましいとされています。

特に災害によって地域が孤立した場合には、こうした普段から生活環境を共有している住民同士が相互に協力し合う共助が、被害の軽減のために、最も重要な行動となります。

❷ 防災教育通知

1 防災教育通知の概要

　防災教育の必要性、そして防災教育に消防団員、自主防災組織員が参画することの重要性については、先述のとおりですが、こうした状況を踏まえ、総務省消防庁では令和3年12月1日に、文部科学省と連携して、「児童生徒等に対する防災教育の実施について」（令和3年12月1日付け消防地第416号通知。以下「防災教育通知」という。）を全国の都道府県、市町村、教育委員会等へ通知しています（**資料集01**）。

　防災教育通知においても同様に、近年災害が多発化、激甚化、多様化していることを踏まえ、自らの安全を守る能力を幼い頃から継続的に育成していく防災教育の重要性を指摘しています。その上で、災害リスクも含め、地域の実情に精通している消防団員、自主防災組織員が防災教育に関わっていくことが、児童・生徒の防災力を高め、ひいては将来の地域防災力の担い手育成に有効であるとしています。また、減少著しい消防団員の確保という側面においても、消防団活動に対する理解を促進し、将来消防団に入るきっかけを与えることができる副次的な効果についても言及しています。

　なお、ここでいう防災教育については、児童・生徒等が受講することを踏まえ、防災に関する知識がより身につくよう、座学だけではなく、体験型で実践的な学習を行うことを推奨しています。これは、児童・生徒に防災について、特に強く興味を持ってもらうよう五感で体験できるものがより有効であると考えられるためです。

　併せて、防災教育通知では、防災教育を行うための具体的な手法等についても、次の3点の取組を求めるものとなっています。

① 都道府県・市町村の消防団・自主防災組織担当課が都道府県教育委員会・市町村教育委員会の学校安全担当課と連携し、防災教育の実施体制を構築すること。

② 令和4年度から防災教育を実施できるよう、令和3年度から準備を進めること。

③ 各学校における防災対策について、今後行う危機管理マニュアルの見直しに当たっては、地域の災害特性を反映すべく、消防団・自主防災組織が必要に応じて助言すること。

2 消防団・自主防災組織と学校との連携

　こうした取組は、いわば消防団・自主防災組織と学校との包括連携協定を結ぶかのように、連携を強化することを目的としています。

　これらの連携は、地方公共団体の消防団・自主防災組織の担当課だけでは、当然調整しきれるものではありません。そこで、総務省消防庁では、この防災教育通知の発出に当たって、文部科学省総合教育政策局と協議し、同局の担当課である男女協同参画共生社会学習・安全課から、同日付で、各都道府県教育委員会、各市町村教育委員会、各都道府県私立学校所管課等へも同旨の通知をしています。

　また、防災教育通知の発出に当たっての調整に合わせて、防災教育の実効性を高いレベルで担保することを目的として、「第3次学校安全の推進に関する計画」（令和4年3月25日閣議決定）においても、防災教育に関する記述を盛り込むよう事務的な調整を行いました。その結果、同計画のⅡ、3「(2)地域の災害リスクを踏まえた実践的な防災教育の充実」におい

て、「地域に密着して「共助」の役割を担っている消防団、自主防災組織、自治会やまちづくり組織等の地域コミュニティの活動と、学校における防災教育を関連付けること（中略）など、地域の実情に応じた防災教育を進めることも重要である」や「地方公共団体は、地域の災害リスクを踏まえ、教育委員会や学校と連携しながら、児童生徒等が将来の地域防災力の担い手となるよう、消防団員、自主防災組織員等による講演や体験学習、防災訓練等の防災教育を推進する」といった内容が記載されたところです。

防災教育実施に当たっての財政支援

　地方公共団体が防災教育を実施する際の財政的な負担に対しては、地方財政措置のほか、総務省消防庁において国費による支援も行われています。

　具体的には、消防団員が実施する防災教育については令和4年度から開始された消防団の力向上モデル事業で、自主防災組織員が実施する防災教育については令和5年度から開始された自主防災組織等活性化推進事業を活用することで、全額国費で支援を受けることができます。この2つの事業の概要は、それぞれ次のとおりです（令和5年3月現在）。

1　消防団の力向上モデル事業（別添1）

趣旨・目的	社会環境の変化に対応した消防団運営等の普及・促進に向け、様々な分野の事業を支援し、地方公共団体の創意工夫に満ちた取組を促し、先進的な取組を全国に横展開を図る。
事業スキーム	ア　地方公共団体から総務省消防庁に対し、消防団に関する具体的な取組について提案する。 イ　総務省消防庁がアの内容を精査し、採択する。 ウ　採択した取組は、総務省消防庁の直轄事業として、提案した地方公共団体を委託先とした委託契約を締結する。 エ　委託額の上限は500万円とする。 オ　地方公共団体は、受託事業終了後、成果物として、実施報告書等の書類を提出する。 カ　総務省消防庁は、実施結果報告書の内容をまとめ、ホームページに公開するほか、全国の地方公共団体や消防団、関係団体に横展開を図る。
消防団員が実施する防災教育への活用方法	消防団員が実施する防災教育に係る具体的な取組の内容を提案書にまとめ、上記アのとおり、総務省消防庁へ提案することで、当該防災教育を総務省消防庁からの委託事業として実施することができる。委託料には、概ね全ての費用（例えば、テキストの印刷費、会場・機器の借上げ料、講義の実施に当たって必要な資料・書籍の購入費など）を含めることが可能である。ただし、消防団員の人件費に委託料を充てることはできない。

2　自主防災組織等活性化推進事業（別添2）

趣旨・目的	災害が多発化、激甚化している中、地域の安全・安心を十分に確保していくためには、常備消防や消防団のみならず、自主防災組織等の活性化が不可欠となっていることを踏まえ、地方公共団体が行う自主防災組織等を活性化するための施策を国費により強力に推進し、各取組について全国に横展開を図る。

事業スキーム	ア　地方公共団体から総務省消防庁に対し、自主防災組織（女性防火クラブ、少年消防クラブを含む。）に関する具体的な取組について提案する。 イ　総務省消防庁がアの内容を精査し、採択する。 ウ　採択した取組は総務省消防庁の直轄事業として、提案した地方公共団体を委託先とした委託契約を締結する。 エ　委託額の上限は200万円とする。 オ　地方公共団体は、受託事業終了後、成果物として、実施報告書等の書類を提出する。 カ　総務省消防庁は実施結果報告書の内容をまとめ、ホームページに公開するほか、全国の地方公共団体や自主防災組織、関係団体に横展開を図る。
自主防災組織員が実施する防災教育への活用方法	消防団の力向上モデル事業と同様に、自主防災組織員が実施する防災教育に係る具体的な取組の内容を提案書にまとめ、上記アのとおり、総務省消防庁へ提案することで、当該防災教育を総務省消防庁からの委託事業として実施することができる。委託料の範囲も同様で、概ね全ての費用（例えば、テキストの印刷費、会場・機器の借上げ料、講義の実施に当たって必要な資料・書籍の購入費など）を含めることが可能である。ただし、自主防災組織員の人件費に委託料を充てることはできない。

防災教育の取組事例

　防災教育通知には、通知本体と合わせて、防災教育に関する様々な取組事例を参考事例として添付しています。

　これ以外にも、熊本県荒尾市では、消防団の力向上モデル事業として採択した事業のうち、一部を一般財源により先行して実施しています。

　具体的には、荒尾市において、令和4年5月に荒尾市立平井小学校の児童を対象に、消防団・防災士を招いての防災教育と大雨時の引き渡し訓練を実施するというものです。

　内容としては、4～6年生を対象にして、令和2年7月豪雨や豪雨時の対応方法について講義するとともに、消防団の紹介を行う内容となっています。また、体験型のものとして、災害時に飲料水を確保するためのろ過装置を用意し、児童による試飲を実施しています。

　他方、1～3年生に対しては、荒尾市防災安全課による防災クイズを行い、学年のレベルにあった防災教育を実施しているところです。

荒尾市立平井小学校での防災教育の様子

　さらに、大雨時の引き渡し訓練では、主体は学校の教職員と保護者になりますが、訓練終了後、消防団員等からの講評を行っています。

❺ 実践例の参照

　ここまで消防団員、自主防災組織員が児童・生徒に防災教育を実施することの重要性について説明したところですが、消防団員、自主防災組織員とも、普段は他に本業を持ちながら活動されている方々ですので、ゼロから防災教育について企画立案していくのは大変難しい状況にあるのが実情です。そのため、本書では第2部として、防災教育の実践例を掲載し、初めて防災教育を行う消防団員、自主防災組織員が防災教育を実施しやすいよう構成しています。また、児童・生徒に配布する資料・教材についても掲載しています。

　併せて、防災教育の実施に当たっては、実際に被災した経験を持つ方に、被災時にはどのような事態が発生するのか、常日頃から防災を意識することの大切さ等を、リアルな経験を基に講演していただく機会を設けるのも一案として考えられます。総務省消防庁は、東日本大震災等の大規模災害に被災しながらも活動した消防団員、自主防災組織員、市町村職員の方々を語り部として派遣する防災意識向上プロジェクト（**別添3**）を実施しています。こうした国による事業も活用しながら、有意義な防災教育を行っていってください。

●別添1

消防団の力向上モデル事業の概要

○　社会環境の変化に対応した消防団運営等の普及・促進に向け、様々な分野の事業を支援し、地方公共団体の創意工夫に満ちた取組を促す。
　　全額国費（1事業500万円まで）
○　各取組をモデル事業として、全国へ横展開を図る。

消防団の力向上モデル事業
　　　　　　　　　　　　　　　　　　　　　　　　　　＜モデル事業の例＞

○　消防団DXの推進

消防団アプリの導入

車両動態表示装置の導入

○　免許等取得環境の整備

準中型免許等の取得環境整備

ドローン操縦技能習得支援

○　災害現場で役立つ訓練の普及

資機材取扱訓練

山火事想定訓練

○　企業・大学等と連携した消防団加入促進

プロスポーツチームと連携した加入促進

大学祭での加入促進

○　子供連れでも活動できる消防団の環境づくり

子供連れ巡回活動

子供連れでの広報活動

● 別添２

自主防災組織等活性化推進事業の概要

○ 近年、**災害が多発化、激甚化している中**、地域の安全・安心を十分に確保していくためには、常備消防や消防団のみならず、**自主防災組織等の活性化が不可欠**となっている。
○ また、自主防災組織の活性化は、**幼少期から若年層に防災意識が醸成され、未来の消防団の担い手育成に繋がる**など、地域防災力の充実強化のための副次的な効果も期待される。
○ そこで、地方公共団体が行う自主防災組織等を活性化するための施策を国費により強力に推進する**「自主防災組織等活性化推進事業」を実施し、地域全体の防災力の向上**を目指す。また、国費により支援する事業については、全国に横展開を図る。

自主防災組織等活性化推進事業のイメージ

全額国費（１事業200万円まで）

○ 自主防災組織等の立ち上げ支援・担い手確保　　○ 防災教育・啓発事業

自主防災組織の立ち上げ支援

少年消防クラブの立ち上げ支援

災害等体験学習

先進事例研修

○ 災害対応訓練・計画策定

避難訓練

避難所運営訓練

応急手当訓練

地域の防災計画策定

● 別添３

防災意識向上プロジェクト

・ 市町村（特別区を含む。）における災害対応力の強化や地域住民の防災意識の向上を図るため、大規模災害（地震、風水害等）での活動体験及び防災に知見を有するものを語り部として消防庁が委嘱し、地方公共団体が開催する防災講演会等の講師として派遣。
・ 派遣に要する費用（旅費や謝金等の費用）については、消防庁が負担。

【主な講演内容】
・東日本大震災等の大規模災害における自身の実体験に関すること
・児童、生徒、地域住民に対する防災教育・啓発に関すること
・市町村の防災上の具体的な課題に対する提案
・防災に関する先進的な取組や優れた取組に関すること

派遣実績　令和元年度　　１３３箇所に派遣
　　　　　令和２年度　　　４１箇所に派遣
　　　　　令和３年度　　　６５箇所に派遣
　　　　　令和４年度　　１０８箇所に派遣
　　　　　令和５年度　　１２４箇所に派遣（予定）

※令和４年度までは「災害伝承10年プロジェクト」として実施

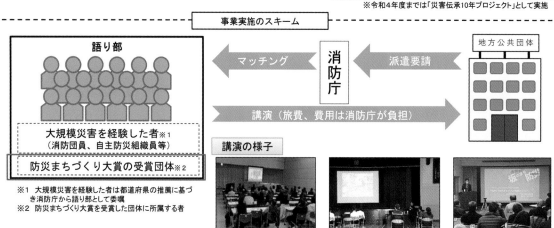

事業実施のスキーム

語り部

マッチング　←　消防庁　←　派遣要請　地方公共団体

講演（旅費、費用は消防庁が負担）　→

大規模災害を経験した者※1
（消防団員、自主防災組織員等）

防災まちづくり大賞の受賞団体※2

講演の様子

※1　大規模災害を経験した者は都道府県の推薦に基づき消防庁から語り部として委嘱
※2　防災まちづくり大賞を受賞した団体に所属する者

第**2**部

防災教育の実践例

消防団員が参画する避難訓練

◆ 概 要 ◆

　小中学校において地震・火災が発生したことを想定した避難訓練（校舎からの避難）を行う。また、被災時の初期対応を想定した消火器の取扱い講習、AED取扱い講習を実施する。

【指導者】消防団員
　　　　　（必要に応じて）消防職員、自主防災組織員

◆ ねらい ◆

- 普段の生活において、避難誘導灯や非常口の確認を促すなど、防災に向けた意識を醸成する。
- 火災・自然災害が発生した際の行動要領を正しく学ぶ。
- 児童・生徒にとっても身近な資器材である消火器やAEDの取扱いを習得する。

◆ タイムライン ◆

所要：約50分（授業1コマ分程度）

所　要	内　　容	指導者	備　考
5分	避難訓練に関する説明	教員	
5分	避難訓練の実施	教員	指導者となる消防団員等は避難の様子等を観察
5分	避難訓練の解説／講評	消防団員等	
5分	移動	教員	
20分	体験学習 ・消火器取扱い講習 ・AED取扱い講習 ・煙道体験 ・通報体験	消防団員等	
5分	移動	教員	
5分	質疑応答・講評	消防団員等	

◆ 授業開始前準備 ◆

1 用意する資器材

(1) 訓練用消火器
- 同時に講習を受ける人数分＋予備分の消火器を準備する。
  ※ 予備分の消火器の数は、講習の最中に消火器へ水を充てんする時間を考慮し、講習の時間が無駄にならないよう留意する。
- 動作確認を行う。
- 授業開始前までに全ての訓練用消火器に水を充てんする。
- 水の充てん場所、動線を確認する。

(2) まと（訓練用消火器から発射される水で倒すもの）
- 同時に講習を受ける人数分を準備する。
- 動作確認を行う。

(3) 訓練用AED
- 同時に講習を受ける人数分を準備する。
- 動作確認を行う。

(4) 訓練用人形
- 同時に講習を受ける人数分を準備する。

(5) 煙道体験資機材
- 原則1セットを用意する。
- 動作確認を行う。

   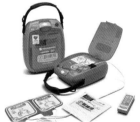

まと　　　訓練用消火器　　　　　消火訓練資機材　　　　　　　　訓練用AED

訓練用人形　　　　　　　　　　　煙道体験資機材

2 学校と事前調整するべき事項

(1) 参加する児童・生徒の人数
　　避難訓練の規模感を把握するために、事前に確認することが必要。

(2) 避難訓練に当たっての付与条件の確認
　　（火災想定の場合）火災発生場所、火災発生時刻
　　（地震想定の場合）震源地、震度、地震発生時刻、地震収束時

刻

(3) 避難訓練が実施される学校等の間取り・動線の確認

　　避難訓練の講評／解説に当たり、実際の訓練の様子を観察する場所等を決定するために事前調整を行うもの。

(4) 体験学習を行う班分け

　　使用する資機材等の数や講師として参加する消防団員等の人数の確定のために、事前調整を行うもの。

(5) 講習の実施方法

　・授業の時間や講習・体験の実施回数（全ての児童・生徒が全ての講習・体験を実施する場合には、2コマの授業時間が必要となる。）

　・授業の大まかな流れや場所（雨天時の対応も含む。）の確認

　・体験学習の資機材設置場所及び搬入場所

◆　授業の進め方　◆

1
避難訓練に関する説明

（指導者：教員）

(1) 災害想定の付与

　・児童・生徒は授業開始時には教室にいることとし、授業開始から冒頭5分程度で、避難訓練を実施するに当たっての災害想定の付与を行う。

　・具体的には、何時にどのような災害（火事か地震かなど）が発生するか、また、どのように災害発生を覚知するか（火災報知器や校内放送等）の情報を付与する。

(2) 避難訓練実施時の指示事項

発生する災害が火事の場合	・火災発生覚知後、速やかに一列に並び、煙の吸入を避けるために、姿勢を低く、また、ハンカチ等の布で口・鼻を覆った状態で避難場所（校庭・体育館等）へ避難すること。 ・避難に当たって、避けなければならない箇所（火災発生場所（例えば、理科室、家庭科室、給食調理室等））を避けた経路とすること。
発生する災害が地震の場合	・地震発生直後から地震収束までの間、出口を確保するとともに、机の下や落下物が見込まれない開けた場所等において、姿勢を低く、頭部を守る姿勢をとること。 ・地震収束後、速やかに一列に並び、避けなければならない箇所（崩落箇所や危険物が散乱している箇所等）を避けた経路で、避難場所（校庭・体育館等）へ避難すること。 ・地震により火災が発生するという想定の場合、上記の事項と合わせて、発生する災害が火事の場合の対応についても指示すること。

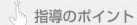

指導のポイント

▶ 付与する災害情報は、受講する児童・生徒において自分事として捉えられるよう、現実味のあるものとすること。

▶ 可能な限り非常ベルや防火扉を使用するなど、実際の災害の発生状況を再現すること。

▶ 例えば、「沿岸部においては地震の発生とともに津波警報が発令される」「山間部においては土砂崩れが発生する」など、地域の実情に応じた災害想定とすること。

2
避難訓練の実施

・消防団員等は、講評／解説に備え、避難経路上に立ち、避難の様子を観察する。特に、移動に留意が必要な防火扉の設置箇所、階段などで観察する。

・また、避難開始（火災想定の場合は火災発生の覚知時刻、地震の場合は地震の収束時間）から避難完了（校庭（体育館）へ避難した後の点呼が完了した時点）までの時間を計測し、講評／解説の際の参考データとする。

・避難完了の連絡は、教員から受ける。

3
避難訓練の講評
（指導者：消防団員等）

・避難開始から避難完了までの所要時間を発表する。

・良かった点や改善を要する点をわかりやすく説明する。

・実際の災害が発生した際の留意事項について説明する。

※講評は、「**講評文例**」を参考に、実際の状況に合わせて行う。

指導のポイント

▶ 平易な言葉を使い、児童・生徒でも理解しやすい内容で行うこと。

▶ 学校や自宅など構造を把握している建物以外の場所で被災した場合にも適切に避難できるよう、外出先でも非常口の位置を確認するなど、避難経路の確認を行うことを促すこと。

▶ 災害収束後、どのように学校から保護者へ引き渡されるかなど、避難訓練の続きを想像しながら行うことを勧めること。

4
体験学習
（指導者：消防団員等）

(1) 消火器取扱い講習

ア　消火器の使用方法を説明する。

イ　消火器取扱い講習の流れ（大声で周辺に火事が発生したことを伝える→スタートラインから消火器を持ち、火点を模したまとへ移動→まとへ向かって放水し、まとを倒す）について、見本として消防団員等が実演する。

ウ　体験する児童・生徒を複数グループに分け、同時並行で全児童・生徒が消火器を用いた放水を行う。

エ　1回実施ごとに消火器へ給水を行う。

▶ 周辺に火事であることを伝え、協力しながら対処することの重要性を説明する。

▶ 消火剤は、炎ではなく、火元に対して噴射する必要があることを説明する。

　※　学校側との調整により、実際に火を起こし、消火剤を噴射することが可能であれば、実演や児童・生徒に体験させる機会を設けることも考えられる。

▶ 実際の火災に遭遇したときに、天井まで炎が到達している場合は、自力での消火は不可能であるので、直ちに避難し、119番通報することが必要であることを説明する。

(2)　AED取扱い講習

　ア　AEDの使用方法を説明する。

　イ　AED取扱い講習の流れ（要救助者の意識確認⇒周辺に支援を要請⇒人工呼吸※　AED使用）について、見本として消防団員等が実演する。

　ウ　体験する児童・生徒を複数グループに分け、グループごとに講習を実施。

▶ 周辺に要救助者がいることを伝え、協力しながら対処することの重要性を説明する。

▶ 人工呼吸における気道確保の重要性を伝えるとともに、胸部圧迫においては、適度な力が加えられないと、心肺蘇生効果が得られないことを説明する。また、胸骨圧迫により、肋骨の骨折等につながる危険性はあるが、救命が最優先であり、骨折を恐れて胸骨圧迫をためらったり、力を加減したりすることのないように注意する。

(3)　煙道体験

　ア　体験学習に先立って煙道体験資機材に煙を充満させる。

　イ　煙道体験の流れを説明する。

　ウ　体験する児童・生徒を5人程度のグループに分け、グループごとに煙道体験資機材に入る。

　　※　安全管理のため、煙道体験資機材に入るのは1グループごととし、1グループが完全に煙道体験資機材から出てから次のグループの体験に移るようにする（入口と出口にそれぞれ消防団員等を配置し、煙道体験資機材に入った児童・生徒が出たかを確認する。）。

▶ 煙道体験資機材で使用する煙は、人体に悪影響のあるものではないが、多量に吸入すると気分が悪くなる児童・生徒が発生する可能性があるので、煙道体験資機材の中の滞在時間や、全員が煙道から脱出していることの確認は、厳重に行うこと。

▶ 通常、煙道は一本道であるが、障害物などがあると避難や煙道内の移動に支障が生ずることを伝え、自宅等において避難経路を確保できるような家具や家財を配置することの重要性を伝える。

▶ 実際の火災においては、煙の吸入による一酸化炭素中毒等による死者が多いことを例に挙げ、できるだけ煙を吸わずに避難することの重要性を説明する。

⑷ 通報体験

ア 児童・生徒を二人1組に分ける。

イ 通報体験の流れを説明する。

・ 通報役、受信役に分かれる。

・ 通報役は、通報情報シート（「**指導用様式・素材**」参照）を基に、受信役に対して通報。

・ 受信役は、通報役から聞き取った情報を受信確認シート（「**指導用様式・素材**」参照）に転記。また、受信確認シートに記載する事項について、通報役からの情報では不足する場合、追加で通信役から聞き取る。

・ 通報情報シートと受信確認シートを見せ合い、答え合わせを行う。

・ 通報役・受信役を入れ替えてア〜エを繰り返す。

ウ 児童・生徒に通報情報シート/受信確認シートを配布。

エ 通報訓練を実施。

オ 通報役と受信役を入れ替えて通報訓練を実施。

▶ 電話のみで相手方に必要な情報を伝えるということは、難しいということを説明した上で、通報の際には、要点をまとめて受信役に伝えるよう指導する。

▶ 受信役は、出動の種類（火事か救急かそれ以外か）、出動場所、要救助者の有無・人数、その他必要な対応をとるために必要な情報を、しっかり聞き取れるよう、通報役を誘導するよう指導する。

▶ 実際の通報においては、切迫した場面であることから、パニックに陥りやすいことを説明した上で、落ち着いて通報することの重要性を説明する。

▶ ＃7119が導入されている地域においては、講評の際に制度説明をすることも考えられる。

5
・・・・・・・・・・・・・・
質疑応答

（指導者：消防団員等）

・体験学習の場所から校庭・体育館等に再集合し、質疑応答を実施。

・授業の進捗状況によっては、項目ごとに質疑応答を実施する形に変えることも検討。

◆ 講評文例 ◆

🔊 避難訓練の講評の例

皆さん、こんにちは。○○市消防団▲▲分団所属の★★と申します。

今日は、避難訓練ということで、●●室から火災が発生したという想定で、教室から校庭へ避難してもらいました。

我々、○○市消防団▲▲分団所属のメンバーで、実際に避難している皆さんの様子を見せてもらいましたが、皆さん、先生の指示に従い、落ちついて避難できていてすばらしかったと思います。

ここではお時間をいただき、本日の避難訓練の結果について、少しお話ししたいと思います。

まず、避難の完了までに、今日はM分S秒かかりました。避難時は慌てずに行動することが最も大切ですが、避難完了までの時間は短い方が、より安全を確保しやすくなります。そのため、普段から災害への備えを十分にしていただき、この避難完了までの時間の短縮に努めてください。

今日の避難訓練は、皆さんが勝手知ったる学校で行いましたので、避難経路についても十分に頭に入っているかと思います。しかし、実際に災害に遭遇する場所は、学校や自宅など、構造をよく知っている場所とは限りません。そのため、遊びや用事で出かけるとき、例えばショッピングモールや宿泊施設等を訪れる際には、必ず非常口や階段の場所を確認するなど、災害時の早期避難のために少し気にかけていただければと思います。

次に、今日の避難訓練では、皆さんがスムーズに移動することができていましたが、例えば、廊下に物が散乱してまっすぐ歩けない状況だったとしたら、どうなっていたでしょうか。避難に多くの時間が取られてしまい、最悪の場合、命に関わる事態に陥ってしまいます。

災害時に迅速に避難するためには、廊下や通り道に物を置かない、高いところに物を置いて、地震のときに散乱させないなどの心がけが大切になってきます。皆さんのご自宅でも、この点に留意して、部屋の片付けなどを行ってください。

最後に、皆さんはもうすぐ大人の仲間入りをする年齢にさしかかっています。本日は、この後に消火器の取扱い講習、AEDの取扱い講習をはじめ、各種防災に関する体験を行うことを予定しています。今日の経験を生かして、災害が発生したら素早く避難すること、地震後の火災や火元の住宅から別の住宅への延焼などといった二次災害の予防対策、そして倒れている方を救助するための技術等を身につけていただければと思います。

● 通報情報シート例

通報情報シート① （火事の場合）

回答例を参考に、指令センターからの質問に自由に答えてみよう。

1 火災発生場所はどこ？
回答例① 〇〇小中学校
回答例② ●●スーパー
回答例③ わからない（近くの目印など）

2 何が燃えている？
回答例① 家庭科室から出火している。
回答例② 段ボール置き場で段ボールが燃えている。
回答例③ 赤い屋根の家が燃えている。
回答例④ 草木が燃えている。

3 その他
次の項目について、自分で考えて、指令センターに伝えよう。
　i 通報者の氏名
　　（　　　　　　　　）
　ii 火災発生場所と通報者の関係
　　（　　　　　　　　）
　iii けが人の有無
　　（　　　　　　　　）
　iv 火災発生場所付近の様子（延焼の危険性の有無）

通報情報シート② （救急の場合）

回答例を参考に、指令センターからの質問に自由に答えてみよう。

1 具合が悪い方はどこ？
回答例① 〇〇小中学校
回答例② 国道●●号線▲▲付近
回答例③ 自宅
回答例④ わからない（近くの目印など）

2 何があった？
回答例① 生徒が倒れた。意識はあるが、目の焦点が定まらない。
回答例② 自分が階段から転んで動けない。腰が痛い。
回答例③ 道に人が倒れている。
回答例④ 交通事故が発生し、負傷者が多数発生している模様。

3 その他
次の項目について、自分で考えて、指令センターに伝えよう。
　i 意識の有無
　　（　　　　　　　　）
　ii 出血の有無
　　（　　　　　　　　）
　iii 呼吸の有無
　　（　　　　　　　　）
　iv 具合が悪い方の性別・年齢
　v 持病の有無
　　（　　　　　　　　）
　vi アレルギーの有無
　　（　　　　　　　　）
　vii かかりつけ医の有無
　　（　　　　　　　　）

●受信確認シート例

受信確認シート①　（火事の場合）

このシートを基に119番通報を受信してみよう。

確認事項1　119番通報の要件（該当するものに○をつけよう。）
発言例　「119番です。火事ですか？　救急ですか？」
　　　　　火事　・　救急

確認事項2　火事はどこか？
発言例　「どちらに向かえばいいですか？」
　　　　　（住所　　　　　　　　　　　）
　　　　　（目標物　　　　　　　　　　）

確認事項3　火災の様子はどうか？
発言例　「何が燃えていますか？」
　　　　　（　　　　　　　　　　　　　）

確認事項4　到着した消防が迅速に活動するために、必要な情報を聴取してみよう。
確認事項4-1　［通報者の氏名］
　　　　　（　　　　　　　　　　　　　）
確認事項4-2　［火災発生場所と通報者の関係］
　　　　　（　　　　　　　　　　　　　）
確認事項4-3　［けが人の有無］
　　　　　（　　　　　　　　　　　　　）
確認事項4-4　［火災発生場所付近の様子］
　　　　　（　　　　　　　　　　　　　）
⇒　これら以外に確認すべき事項があるか考えてみよう。

受信確認シート②　（救急の場合）

このシートを基に119番通報を受信してみよう。

確認事項1　119番通報の要件（該当するものに○をつけよう。）
発言例　「119番です。火事ですか？　救急ですか？」
　　　　　火事　・　救急

確認事項2　具合が悪い方はどこか？
発言例　「どちらに向かえばいいですか？」
　　　　　（住所　　　　　　　　　　　）
　　　　　（目標物　　　　　　　　　　）

確認事項3　具合が悪い方に何が起こったか？
発言例　「どうしましたか？」
　　　　　（　　　　　　　　　　　　　）

確認事項4　他に確認すべきことがあるか考えてみよう。
例えば、具合が悪い方の意識・出血・呼吸の有無などのほかに、どのような確認事項があるか？
確認事項4-1　［意識の有無］
　　　　　（　　　　　　　　　　　　　）
確認事項4-2　［出血の有無］
　　　　　（　　　　　　　　　　　　　）
確認事項4-3　［呼吸の有無］
　　　　　（　　　　　　　　　　　　　）
確認事項4-4　［具合が悪い方の性別・年齢］
　　　　　（　　　　　　　　　　　　　）
確認事項4-5　［持病の有無］
　　　　　（　　　　　　　　　　　　　）
確認事項4-6　［アレルギーの有無］
　　　　　（　　　　　　　　　　　　　）
確認事項4-7　［かかりつけ医の有無］
　　　　　（　　　　　　　　　　　　　）
⇒　これら以外に確認すべき事項があるか考えてみよう。

●通信情報シート/受信確認シートの備考

通報情報シート/受信確認シートの備考

① 到着した消防が迅速に活動するために必要な情報を得るため、通報役の方は、落ち着いて答えてください。
また、受信確認を行う指令センター役の方は、消防が迅速に活動するために必要な情報を丁寧かつ迅速に聞き取るよう、質問しましょう。

② 場所・住所がわからないときは、次の対応をとりましょう。
必ず住所が確認されています。
・ 自動販売機があれば、住所を確認する。
・ 電信柱を確認する。
・ 表札を見る。
・ 近くの民家に聞く。
・ 周囲の人に聞く。
・ 公衆電話から掛け直す。

③ 通報時の注意点
・ 通報した電話に掛け直す場合があるので、出られるようにしてください。
・ 運転中は、安全な場所に停車してから通報してください。
・ 携帯やスマートフォンは、違う市町村の119番センターにつながる場合があります。
　⇒ 管轄する119番センターに電話を転送するので、切らずに待っていてください。
・ IP電話では、一部119番通報ができない場合がありますので、契約している事業者に確認しましょう。

 **わたしの防災サバイバル手帳**

防災教育の際に、児童・生徒に渡す副読本やハンドブックとして、総務省消防庁で作成している「わたしの防災サバイバル手帳」があります。

この冊子は、防災を身近に感じてもらうために、大災害が発生した場合、どんな混乱が待ち受けているのか、また、救援が来るまでの間を生き抜くための知識を、クイズや図解を交えて、楽しみながら学習できるものとなっています。また、この中には、消防団や自主防災組織の活動内容や位置づけも掲載されており、防災教育のおさらいとして、自宅で児童・生徒がより理解を深めるためにも使用できます。

冊子は、総務省消防庁のホームページに公開されており、誰でも閲覧・印刷することが可能となっています。

https://www.fdma.go.jp/relocation/syobodan/
activity/education/bousai/survival/

消防団員に関する紹介（講義）

◆　概　要　◆

　小中学校において、地域を災害から守るために活動している消防団について紹介する講義を行うことで、消防団に対する理解を促進するとともに、防災意識を醸成する。
【指導者】消防団員

◆　ねらい　◆

- 地域における消防団の意義や活動内容を理解する。
- 普段の生活において、避難誘導灯や非常口の確認を促すなど、防災に向けた意識を醸成する。
- 近い将来、自らが地域防災の担い手となるという自覚を促す。

◆　タイムライン　◆

所要：約50分（授業１コマ分程度）

所　要	内　　容	指導者	備　考
5分	自己紹介	消防団員	
15分	消防団に関する概要紹介	消防団員	
15分	地元消防団の紹介・地域の防災情報に関する講義	消防団員	
5分	講義のまとめ	消防団員	
10分	質疑応答	消防団員	

◆　授業開始前準備　◆

1
用意する教材

(1) 説明用資料（「指導用様式・素材」参照）
(2) 教室に持ち込める資機材
　・消防団の具体的な活動内容を理解できるような資機材を用意する。

（例）放水ノズル、ホース、防火衣一式、布担架等

ガンタイプノズル

消防ホース

布担架

防火衣

2 ・・・・・・・・・・・・ 学校と事前調整 するべき事項

(1) **参加する児童・生徒の人数**
　・授業の規模感を把握するために、事前に確認することが必要。
(2) **児童・生徒の保護者が消防団員として参加するかどうか**
(3) **講義の実施方法**
　・授業の大まかな流れや時間配分を確認する。

◆　授業の進め方　◆

1 ・・・・・・・・・・・・ 自己紹介

・消防団員の服装は、活動服又は制服とする。
・普段の仕事内容や所属する分団・部が所管する地域など、児童・生徒が分かる情報を織り交ぜながら自己紹介をする。

指導のポイント

▶　可能な限り、複数の消防団員が講師として参加し、消防団員は“普段はほかに本業を持ちながら活動している”ということについて、児童・生徒が実感するよう心がける。
▶　消防団員自身と学校との関係（例えば、卒業生であることや子供がこの学校に通っていることなど）を伝え、消防団員に対する親近感が湧くよう工夫する。

2 ・・・・・・・・・・・・ 消防団に関する 概要紹介

・「指導用様式・素材」に示す資料案を参考に、一般的な消防団の役割や活動内容について、資料に沿って説明する。
・消防団活動に関する説明の際に、持参した資機材を用いながら、活動内容を多角的に理解できるよう工夫する。

▶ 平易な言葉を使い、児童・生徒でも理解しやすい説明を行う。

▶ 資料１枚当たり２～３分程度で説明する。

▶ 持参した資機材については、学校側と調整し、安全に留意した上で、授業終了後に児童・生徒が実際に触ることができる機会を設けることも考えられる。

3
地元消防団の紹介・地域の防災情報に関する講義

・2において、消防団に係る一般的な説明を行った上で、地元の消防団に関する説明を行う。

・併せて、ハザードマップや過去の火災・自然災害の発生状況に関する資料等を用いて、地域の防災情報に関する講義を行う。

・「指導用様式・素材」に示す資料案を参考に、地元消防団の組織、管轄区域、活動内容等について、資料に沿って説明する。

指導のポイント

▶ 地域のどこに消防団に関する施設（詰所や器具庫等）があるかを示したり、詰所の中を紹介したりすることで、消防団の存在を身近に感じられるよう説明する。

▶ 過去の災害状況を紹介すること等により、火災や自然災害が人ごとではなく、いつ児童・生徒の身に降りかかってもおかしくないという点を理解させ、防災について意識を向けるよう指導する。

▶ 適宜資料上に空欄を作り、講義の進捗とともに、空欄に情報を記入させること等により、主体的に防災について考える機会を提供する。

4
講義のまとめ

・1～3の講義において、主要な部分をクイズ形式にまとめるなどの工夫により、理解醸成を行う。

◆ 指導用様式・素材 ◆ （消防庁提供資料）

● 消防団に関する概要紹介　資料例

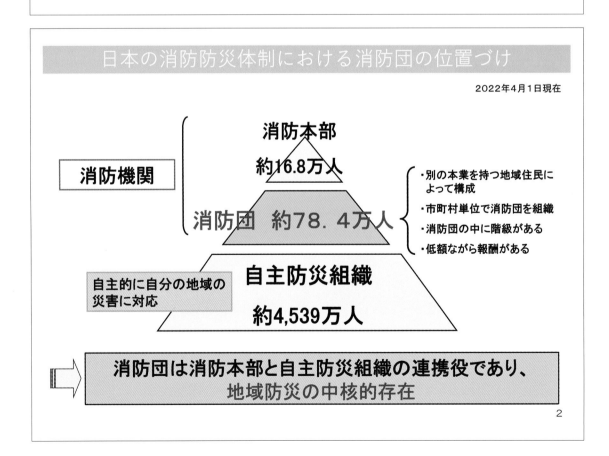

1　消防団とは

1

日本の消防防災体制における消防団の位置づけ

2022年4月1日現在

消防機関

消防本部
約16.8万人

消防団　約78．4万人

・別の本業を持つ地域住民に
よって構成
・市町村単位で消防団を組織
・消防団の中に階級がある
・低額ながら報酬がある

自主的に自分の地域の
災害に対応

自主防災組織
約4,539万人

消防団は消防本部と自主防災組織の連携役であり、
地域防災の中核的存在

2

消防団の装備等

消防ポンプ自動車　投光器　トランシーバー

エンジンカッター　チェーンソー　救助用工具　油圧カッター

消火活動用資機材　救命ボート

3

消防団の特性

①地域密着性
管轄区域内に居住又は勤務しており地域の状況を熟知している

②要員動員力
消防団員数は消防職員数の約5倍を有する

③即時対応力
日頃からの教育訓練により災害対応の技術・知識を習得しており迅速に出動できる

 消防団の特性を活かし、災害対応を実施

4

消防団員の主な活動（災害時）

提供：宮崎市消防局

消火活動

・火災発生時、常備消防と連携し、消火活動を実施
・鎮火後も再燃がないよう警戒巡視を実施

提供：広島市消防局

救助活動

・地震や風水害時、消防本部と連携し、救助及び救出活動を実施
・行方不明者の捜索活動を実施

提供：北海道とかち広域消防事務組合

水防活動

・台風や集中豪雨による、河川の氾濫、堤防の決壊を防止する
・地域住民への避難の呼びかけや避難の補助を実施

5

消防団員の主な活動（平常時）

提供：宮崎市消防局

各種訓練

・災害時の活動に備え、定期的に訓練を実施
・ポンプ操法訓練や資機材取扱訓練を実施

提供：宮崎市消防局

救命講習

・地域住民を対象にAEDの使い方をはじめとした応急手当の普及啓発を実施

提供：宮崎市消防局

防火啓発活動

・各種イベント等を開催し、地域住民を対象に火災予防や防災啓発を実施

6

2　〇〇市消防団の概要

7

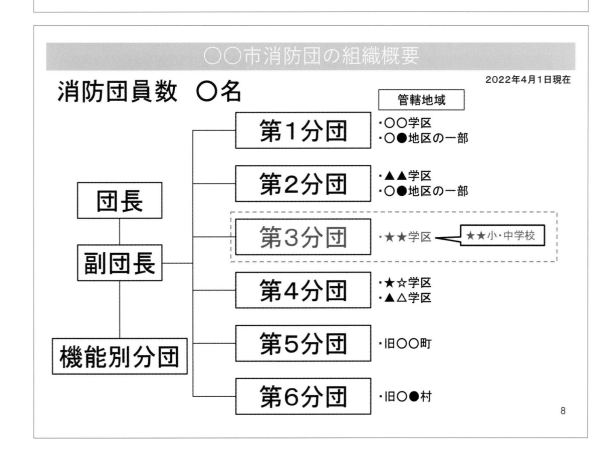

〇〇市消防団の組織概要

2022年4月1日現在

消防団員数　〇名

管轄地域

団長

副団長

機能別分団

第1分団　・〇〇学区　・〇●地区の一部

第2分団　・▲▲学区　・〇●地区の一部

第3分団　・★★学区　★★小・中学校

第4分団　・★☆学区　・▲△学区

第5分団　・旧〇〇町

第6分団　・旧〇●村

8

○○市消防団の詰所等の所在地

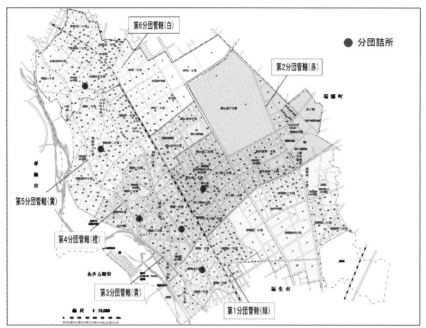

出展：羽村市ホームページより（https://www.city.hamura.tokyo.jp/0000007380.html） 9

○○市消防団第3分団の詰所紹介

10

3　消防団の活動事例（災害時）

東日本大震災における消防団の活動

津波への対応

津波警報の発表と同時に住民への広報活動、避難誘導及び水門閉鎖確認等を実施
・海岸部の現場へ急行し、手動で水門閉鎖した
・住宅1軒1軒を回り避難を呼びかけた
・消防車両を使用して住民を避難させた

➡ 大規模災害時には常備消防での細やかな活動は不可能だったため、消防団がその任務に従事した

消火活動

消防団、常備消防、緊急消防援助隊が連携し、消火活動を実施
・断水により消防水利の確保が困難となり、河川や防火水槽からの遠距離送水を実施
・火災は数日間続き、不眠不休での消火活動が行われた

➡ 常備消防のみでは人員不足であったため、多くの消防団員が活動

救助活動

発生直後から住民の高台への避難誘導や孤立した住民の救助を実施
・施設に取り残された要救助者の救助及び避難所への誘導

➡ 地域の高台や施設等の情報について精通した消防団の知識が必要であった

＜消防団による放水＞

提供:東京消防庁

＜消防団と緊急消防援助隊による放水＞

提供:東京消防庁

＜消防団による避難誘導＞

台風の影響による大雨における消防団の活動

　２０２２年９月１８日頃から台風の影響により、宮崎県椎葉村では激しい雨を観測し、土砂災害などが発生し、８９世帯２０３名の住居が孤立した。

消防団の主な活動

・土砂災害の被害は広範囲に渡り、常備消防のみでは対応しきれない状況であり、多くの人員を必要とした

⬇

・消防団の特性である要員動員力を最大限に活かし、多くの人員を投入し、活動に従事した

⬇　　具体的には・・・

・本災害の対応に従事した椎葉村の消防団員は延べ５６７人に及び、以下の活動を広範囲にわたり実施　※椎葉村の人口は約2,500人

　・住民の避難誘導、救助活動、安否確認

　・土砂・流木の撤去、河川の捜索

　・給水活動、孤立地域への食料の運搬　等

【孤立集落の様子】

○　道路復旧の活動の様子

○　孤立集落の住民の安否確認に向かう様子

13

新潟県糸魚川市大規模火災における消防団の活動

　２０１６年１２月２２日１０時２０分頃、新潟県糸魚川市、糸魚川駅北側に位置する木造建築物密集地域の飲食店から出火した。これに加えて、強風により複数箇所に飛び火が発生するなど、広範囲に延焼が拡大した。

消火活動

・常備消防の継続的な消火活動のため、可搬式ポンプを用いた送水活動を実施し、消防水利の不足に備えた
・延焼拡大を阻止するため、約40,000㎡に及ぶ広範囲なエリアで活動を実施
・長時間にわたる懸命な活動は、出火から鎮圧まで約11時間、鎮火まで約30時間に及んだ。

　➡　消防団の有する人員を活用することで長期的かつ広範囲の活動に対応

救助活動

住民の避難誘導
・現場の指揮隊員をはじめ、自主防災組織、区長（自治会長）、地元住民、市職員とともに、住民の避難誘導を行った

　➡　住居等を把握している消防団員により迅速な避難誘導が行われた

被災状況写真

14

4　消防団の活動事例（平常時）

15

消防団の訓練・啓発活動の様子①

兵庫県尼崎市消防団

【主な活動内容】
○　署団合同訓練
　　市内６行政地区ごとに管轄消防署と合同
　　訓練を実施。

○　資機材の取扱いや放水訓練等の技術訓練
　　や実災害を想定した想定訓練を実施。

愛知県豊橋市消防団

【主な活動内容】
○　林野火災を想定した大規模訓練を
　　毎年秋季に実施。

○　各分団の管轄消防署所と火災想定
　　訓練等を実施し、実災害時の連携強
　　化を図っている。

○　多様化する救助資機材等の取扱い
　　訓練を定期的に実施。

林野火災訓練　　　　　火災想定訓練　　　　　資機材取扱訓練

16

消防団の訓練・啓発活動の様子②

宮崎県宮崎市消防団

【主な活動内容】
〇 舟艇訓練、チェーンソー取扱訓練、放水・中継送水訓練、無線取扱訓練、応急手当講習等を実施。

〇 火災対応だけでなく、風水害、地震等、あらゆる災害に対応するため、幅広く訓練に励んでいる。

宮城県大崎市消防団

【主な活動内容】
〇 地元高校生の普通救命講習補助、消防イベントにおける救急に関する寸劇、救急の日イベント等に積極的に参加し、女性消防団員が活躍している。

17

消防団の訓練・啓発活動の様子③

島根県松江市消防団

【主な活動内容】
〇 小学校を訪問し消防団の役割や意義、防火・防災の重要性を説明することで、児童に災害をより身近に実感してもらい、幼少期からの防火・防災思想の啓発を図る。

熊本県荒尾市消防団

【主な活動内容】
〇 小学生に対して、消防団員が災害時の対応についての講義を実施するとともに、簡易浄水器の使用実験などの体験を通して、大規模災害に対する備えの重要性について啓発を図る。

18

消防団員数の減少

　地域を災害から守る消防団は、消防機関としての公助の側面と、地域住民が参画して活動する共助の側面の2つを併せ持つ性質から、「地域防災力の中核」といわれています。

　ところが、消防団員の数は、年々減少が続き、令和4年4月には、史上初めて80万人を下回るという、危機的な状況を迎えています。この主な原因は、20代、30代といった若い世代の入団者が減少しているためです。消防団を未来につなげていくためには、若い世代の入団を働きかけていくことが急務となっています。

　他方で、女性や学生の消防団員や、特定の活動のみを行う消防団員である機能別消防団員の数は、増加傾向にあります。

　こうした状況を踏まえ、国と地方公共団体では、若い世代はもちろんのこと、女性や学生など幅広い住民に消防団について知ってもらい、入団につなげていく活動を続けています。本テキストも防災教育をテーマとしていますが、防災教育は児童・生徒の防災意識を醸成し、災害から自らの身を守る能力を身につけてもらうということが一義的な目的であると同時に、自分が未来の地域防災の担い手であるという自覚を芽生えさせることで、将来の消防団のなり手を広い意味で育成する側面があるともいえます。

消防団員数の現状

● 消防団員数は、年々減少が続き、令和4年4月1日現在の消防団員数は約78万4千人で、前年から2万人以上減少し、初めて80万人を下回る
● 年齢階層別に消防団員数を見ると、若年層の団員構成率が減少しており、30代以下は4割程度
● 消防団員確保のためには若年層に対する働きかけが重要

1　消防団員数の推移

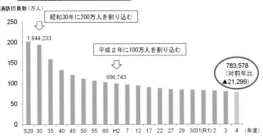

2　入団者数及び退団者数の推移

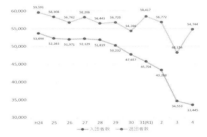

3　年齢階層別入団者数の推移

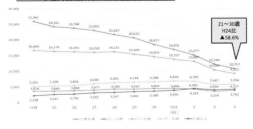

4　年齢階層別消防団員数の推移

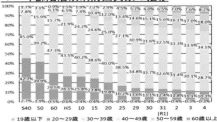

◆ 概　要 ◆

　小中学校において、地域を災害から守るために活動している消防団について、より理解を深めるため、また、地域防災に関する活動等を理解することで、消防団に対する理解を促進するとともに、防災意識を醸成する。

【指導者】消防団員

◆ ねらい ◆

- 地域における消防団の意義や活動内容を理解する。
- 普段触れることのない消防の資機（器）材に触れることで、防災意識の醸成を促す。
- 近い将来、自らが地域防災の担い手となるという自覚を促す。

◆ タイムライン ◆

所要：約50分（授業1コマ分程度）

所　要	内　　容	指導者	備　考
10分	自己紹介・消防車両等の紹介	消防団員	
10分	消防車両等の見学	消防団員	
15分	放水実演・体験	消防団員	
10分	質疑応答・講評	消防団員	
5分	記念撮影	消防団員	

◆ 授業開始前準備 ◆

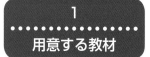

(1) 消防車
　※　可能な限り、消防ポンプ自動車と小型動力ポンプ積載型消防車を用意する。
(2) 救助用資機（器）材
　・展示用の消防車両に搭載される資機（器）材

（例）放水ノズル、ホース、防火衣一式、布担架、エンジンカッター、チェーンソー、ドローン等

エンジンカッター

チェーンソー

ドローン

2
学校と事前調整するべき事項

(1) **参加する児童・生徒の人数**
・授業の規模感を把握するために、事前に確認することが必要。

(2) **参加する児童・生徒の保護者が消防団員として参加するかどうか**

(3) **講義の実施方法**
・授業の大まかな流れや時間配分を確認する。

(4) **車両の展示場所及び放水実演の場所の確認**
・校庭での展示、見学が理想だが、校庭に車両が入ることができない場合には、運動公園等の代替地での開催について、学校と調整する。
・特に消防車両のサイレン吹鳴の可否について調整し、サイレン吹鳴が認められた場合には、講義の中でサイレンを鳴らす。

◆ 授業の進め方 ◆

1
自己紹介・消防車両等の紹介

(1) **自己紹介**
・消防団員の服装は、活動服とし、放水の実演又は体験の補助を行う団員は、防火衣を着装する。
・普段の仕事内容や所属する分団・部が所管する地域など、児童・生徒が分かる情報を織り交ぜながら自己紹介をする。

 指導のポイント

▶ 可能な限り、複数の消防団員が講師として参加し、消防団員は"普段はほかに本業を持ちながら活動している"ということについて、児童・生徒が実感するよう心がける。
▶ 消防団員自身と学校との関係（例えば、卒業生であることや子供がこの学校に通っていることなど）を伝え、消防団員に対する親近感が湧くよう工夫する。

(2) **消防車両等の紹介**
・消防車両の機能（消防ポンプ車と小型動力ポンプ付積載車の違いや積載している資機材等）を実際に見せて紹介する。

・消防車両の赤色灯の点灯やサイレンの吹鳴など、緊急走行時を再現する。

🖐 指導のポイント

▶ 平易な言葉を使い、児童・生徒でも理解しやすい説明を行うこと。
▶ 特に資機（器）材は、児童・生徒にとってなじみの薄いものが多いので、具体的にどういう場面で使用するものかを例示して説明する（「**講評文例**」参照）。

2
・・・・・・・・・・・・・・・
消防車両等の見学

・児童・生徒が消防車両等を間近で見学する機会を設ける。
・学校との調整の上、希望する児童・生徒に対して消防車両に乗車する機会を設ける。

🖐 指導のポイント

▶ 搭載している資機（器）材は、取扱いに注意が必要なもの（例えばエンジンカッターやチェーンソーなど）もあるので、児童・生徒のけが防止のため、多くの団員を資機材付近に配置し、対応する。

3
・・・・・・・・・・・・・・・
放水実演・体験

・消防車両の紹介・見学を踏まえ、放水の実演を行う。また、授業の進捗上、時間的余裕がある場合には、希望する児童・生徒が放水体験を行う。
・放水は、学校敷地内にある消火栓を用いて行い、実演の際には消火栓の役割についても説明する。
・児童・生徒が放水体験を行う場合、放水の補助は必ず消防団員が行い、流量を調整の上、反動を少なくして実施する。

🖐 指導のポイント

▶ 放水場所については、学校と事前に十分調整し、講義終了後の学校運営等に影響が出ないよう注意する。
▶ 学校及び学校近辺の消火栓や消防水利の場所を説明し、消火設備を身近に感じてもらう。
▶ 児童・生徒が放水体験を行う場合、仮に児童・生徒がノズルから手を離した場合でも安全が確保されるよう、事前に流量調整等を実施する。

◆ 講評文例 ◆

📢= 消防車両に関する紹介例

　消火機能を持つ消防車両は、大きく分けて２つあります。

　１つ目は、消防車両自体にポンプがくっついている（車両のエンジンを動力源としてポンプを動かす）消防ポンプ自動車で、２つ目は、小型動力ポンプといって、消防車両の動力とは別に、軽油等によりポンプを動かすことができるものを搬送する積載車です。

　消防ポンプ自動車は、ポンプの性能が大きく、放水性能が高いというメリットがありますが、その分資機材の搭載スペースが小さいという点、車両が大きいので細い道に入っていけない点がデメリットとなります。積載車は、その逆で、消防ポンプ自動車に比べて放水性能は低いですが、車体が比較的小さく、小回りが利き、資機材の搭載スペースも大きいという特徴があります。

　消防団では、管轄地域の状況、例えば幹線道路が多く道幅が広い、山間部で道幅が狭い等の状況に応じて、配備する車両の種類を変えています。

📢= 消防ポンプに関する紹介例

　消防ポンプは、素早く火の手を抑えるために、大量の水を出す能力があります。

　例えば、今日皆さんの前に用意した消防車両（ポンプ等級●）の場合、１分間に約●リットルの水を放水することができます。これは、１分間でお風呂●杯分の水を放水することができる能力です。

📢= チェーンソー・エンジンカッターに関する紹介例

　チェーンソーとエンジンカッターは、ものを切断するために使用するという意味で似た機能をもつ資機材ですが、チェーンソーは主に木材など比較的柔らかいもの、エンジンカッターは金属など比較的堅いものを切断する際に使用されます。

　エンジンカッターは、例えば自動車事故において閉じ込められた方を救助するために車の扉を切断したり、ドアチェーンがかかったまま助けを求めている方のお宅に救助に入る際にドアチェーンを切断したりするのに使用します。

　なお、エンジンカッターとはいいますが、皆さんが普段使っているカッターとは違って、刃の部分は非常に堅い素材で出来ており、切断したいものを切り裂くのではなく、削り切るための道具です。

◆ 指導用様式・素材 ◆ （消防庁提供資料）

● 消防車両等に関する資料例

消防団が使用する車両の説明①

消防ポンプ自動車

定員	5～6人
ポンプ性能	2.0㎥/min ・・・1分間でおよそお風呂10杯分
搭載している主な装備	ホース10本、チェーンソー、エンジンカッター、ガンタイプノズル、はしご、消火器、牽引ロープ など
特徴	消防車の代表的な車種。高出力のポンプを搭載し、あらゆる火災現場で活躍する。消防署で使用している車両と同等の性能を有する。

小型動力ポンプ積載車（トラック）

定員	5～6人
ポンプ性能	1.4㎥/min ・・・1分間でおよそお風呂7杯分
搭載している主な装備	ホース10本、チェーンソー、エンジンカッター、ガンタイプノズル、はしご、消火器、牽引ロープ など
特徴	可搬ポンプを積み込んだ消防車両。ポンプを車両から降ろして運び出すことで、車両が入れないような狭いところでも消火活動が可能である。

1

消防団が使用する車両の説明②

小型動力ポンプ積載車（普通車）

定員	5～6人
ポンプ性能	1.4㎥/min ・・・1分間でおよそお風呂7杯分
搭載している主な装備	ホース10本、チェーンソー、エンジンカッター、ガンタイプノズル、はしご、消火器、牽引ロープ など
特徴	ワンボックス型の普通車をベースとしており、トラック型と比べて小回りがきき、運転がしやすい。普通免許のみ保有している人も運転できる。

小型動力ポンプ積載車（軽自動車）

定員	5～6人
ポンプ性能	1.4㎥/min ・・・1分間でおよそお風呂7杯分
搭載している主な装備	ホース10本、チェーンソー、エンジンカッター、ガンタイプノズル、はしご、消火器、牽引ロープ など
特徴	軽自動車をベースとしており、最も小型な消防車である。狭い路地や山道にも進入できる。普通免許のみ保有している人も運転できる。

2

消火に用いる水は何の水？

Column 03

　火事が起こった場合、消火し、鎮火するためには大量の水が必要になります。この消火に用いられる水は、何の水でしょうか？

　消防団をはじめとする消防機関は、消火用の水を様々な形で確保します。例えば、山火事など人里離れた場所での消火活動には、川や池の水が使われることがあり、それらは「自然水利」と呼ばれます。

　他方で、住宅街やオフィス街など、人がいる場所では消火栓が整備されていることが多く、消防機関は消火栓から水を取り、消火活動に当たります。この消火栓、実は多くの場合、水道管につながっており、水道の水を使って消火活動しているのです。

　水道の水は、その利用者が料金を支払いますが、この消火に用いる水道の水の料金は、誰が支払うのでしょうか。火元となった住居等の所有者でしょうか。実は、水道法や地方公営企業法の規定などにより、市町村が負担することとなります。

　我々の生活を支えてくれる水道ですが、実はいざという時も支えてくれています。水は大切に使いましょう。

実践例 04　自主防災組織に関する紹介（講義）

◆　概　要　◆

　小中学校において、隣保協同の精神に基づき、地域で防災活動を行っている自主防災組織について紹介する講義を行うことで、自主防災組織に対する理解を促進するとともに、防災意識を醸成する。

【指導者】自主防災組織員

◆　ねらい　◆

- 地域の防災における自主防災組織の意義や活動内容を理解する。
- 普段の生活において、非常用持ち出し袋の確認や地域の防災イベントへの参加を促すなど、防災に向けた意識を醸成する。
- 近い将来、自らが地域防災の担い手となるという自覚を促す。

◆　タイムライン　◆

所要：約50分（授業1コマ分程度）

所　要	内　　容	指導者	備　考
5分	自己紹介	自主防災組織員	
15分	自主防災組織に関する概要紹介	自主防災組織員	
15分	地元自主防災組織の紹介・地域の防災情報に関する講義	自主防災組織員	
5分	講義のまとめ	自主防災組織員	
10分	質疑応答	自主防災組織員	

◆　授業開始前準備　◆

1 用意する教材

説明用資料（「指導用様式・素材」参照）

2 学校と事前調整するべき事項

⑴　参加する児童・生徒の人数
　・授業の規模感を把握するために、事前に確認することが必要。
⑵　参加する児童・生徒の保護者が消防団員として参加するかどうか
⑶　講義の実施方法
　・授業の大まかな流れや時間配分を確認する。

◆　授業の進め方　◆

1 自己紹介

・自主防災組織員の服装は、原則として自主防災組織の活動を行う際の服装とする。
・普段の仕事内容や自主防災組織が所管する地域など、児童・生徒が分かる情報を織り交ぜながら自己紹介をする。

 指導のポイント

▶　自主防災組織員は"近所の方が助け合いながら活動している"ということについて、児童・生徒が実感できるよう心がける。
▶　自主防災組織員自身と学校との関係（例えば、卒業生であることや子供がこの学校に通っていることなど）を伝え、講義に対する興味を引く。

2 自主防災組織に関する概要紹介

・「指導用様式・素材」に示す資料案を参考に、一般的な自主防災組織の役割や活動内容について、資料に沿って説明する。

 指導のポイント

▶　平易な言葉を使い、児童・生徒でも理解しやすい説明を行うこと。
▶　資料１枚当たり２〜３分程度で説明する。

3 地元自主防災組織の紹介・地域の防災情報に関する講義

・2において、自主防災組織に係る一般的な説明を行った上で、地元の自主防災組織に関する説明を行う。
・併せて、ハザードマップや過去の火災・自然災害の発生状況に関する資料等を用いて、地域の防災情報に関する講義を行う。
・「指導用様式・素材」に示す資料案を参考に、一般的な自主防災組

織の役割や活動内容について、資料に沿って説明する。

 指導のポイント

▶ 　地域のどこに自主防災組織が管轄する防災倉庫等があるかを示したり、防災倉庫の中を紹介したりすることで、自主防災組織の活動を身近に感じられるよう説明する。

▶ 　過去の災害状況を紹介すること等により、火災や自然災害が人ごとではなく、いつ児童・生徒の身に降りかかってもおかしくないという点を理解させ、防災について意識を向けるよう指導する。

▶ 　適宜資料上に空欄を作り、講義の進捗とともに、空欄に情報を記入させること等により、主体的に防災について考える機会を提供する。

▶ 　特に、自主防災組織が主催又は参加するイベントがある場合には、講義の際に児童・生徒に参加を促し、実際に自主防災組織の活動に参加する機会を提供する。

4
・・・・・・・・・・・・・・・・・・
講義のまとめ

・1～3の講義において、主要な部分をクイズ形式にまとめるなどの工夫により、理解醸成を行う。

●自主防災組織に関する概要紹介　資料例

1　自主防災組織とは

1

日本の消防防災体制における自主防災組織の位置づけ

2022年4月1日現在

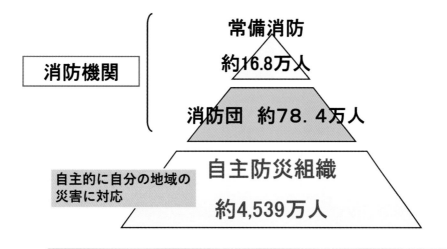

消防機関

常備消防
約16.8万人

消防団　約78.4万人

自主防災組織
約4,539万人

自主的に自分の地域の災害に対応

➡ 自主防災組織は「自分たちの地域は自分たちで守る」という意識のもと結成され「共助」の中核をなす組織

2

自主防災組織の主な防災資機材等

初期消火

消火用

消火用バケツ

消火器

ヘルメット

情報収集・伝達

拡声器

住宅地図

ハンドマイク

訓練・防災教育

訓練用火災報知器

心肺蘇生用訓練人形

視聴覚機器

救助・救出

担架

ジャッキ

救急箱

3

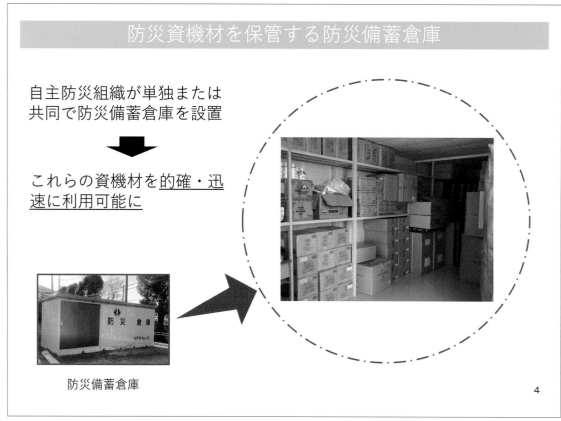

防災資機材を保管する防災備蓄倉庫

自主防災組織が単独または
共同で防災備蓄倉庫を設置

➡

これらの資機材を<u>的確・迅速</u>
に<u>利用可能</u>に

防災備蓄倉庫

4

自主防災組織の特性

○ 地域住民が「自分たちの地域は自分たちで守る」と いう
  意識に基づき自主的に結成し、自発的な防災活動を行って
  いる組織

○ 主に町内会・自治会等の規模で、地域に住んでいる住民
  により、設置・運営

○ 大規模災害時に行政機関による公助が困難な場合、自
  助・共助の機能を発揮

➡ 地域住民による 「共助」 の中核として、
  災害対応を実施

5

自主防災組織の主な活動（平常時）

防災知識の普及・啓発	地域の災害危険の把握	防災訓練
・地域の行事やイベントで防災を意識づける機会づくり ・防災知識に関するチラシやパンフレットの作成・配布	・市町村が作成した「ハザードマップ」を活用した危険個所の把握 ・地域の災害履歴や災害に関する伝承等を知ることによる予防・応急活動	・正しい知識・技術の習得のための消防機関等の指導を受講 ・近隣の自主防災組織と共同した防災訓練

6

2　○○市自主防災組織の概要

7

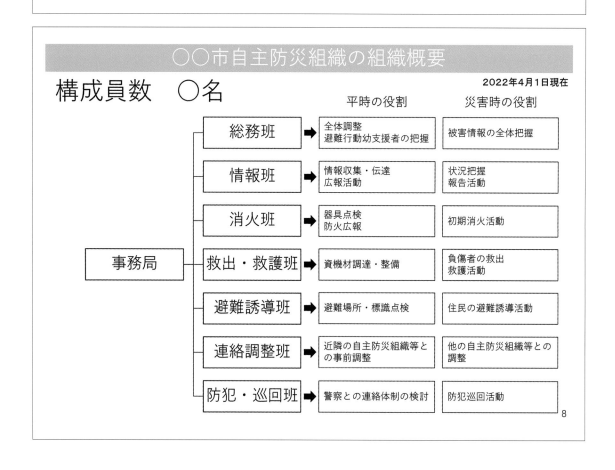

○○市自主防災組織の組織概要

構成員数　○名

2022年4月1日現在

		平時の役割	災害時の役割
	総務班	全体調整 避難行動幼支援者の把握	被害情報の全体把握
	情報班	情報収集・伝達 広報活動	状況把握 報告活動
	消火班	器具点検 防火広報	初期消火活動
事務局	救出・救護班	資機材調達・整備	負傷者の救出 救護活動
	避難誘導班	避難場所・標識点検	住民の避難誘導活動
	連絡調整班	近隣の自主防災組織等との事前調整	他の自主防災組織等との調整
	防犯・巡回班	警察との連絡体制の検討	防犯巡回活動

8

○○市自主防災組織の備蓄倉庫等の設置場所

配置図

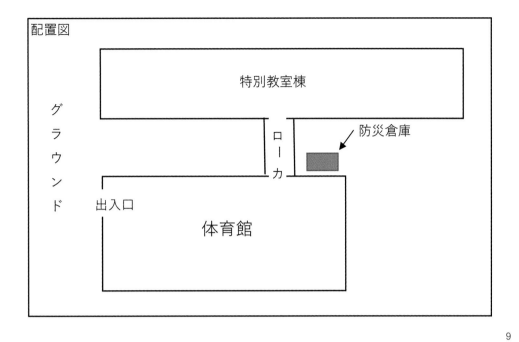

9

○○市自主防災組織の備蓄倉庫紹介

10

3 自主防災組織の活動事例（平常時）

11

自主防災組織の訓練・啓発活動の様子②

かがわ自主ぼう連絡協議会：香川県丸亀市

【主な活動内容】
○ 市が制度化している自主防災リーダー研修を、隣接の地区も巻き込んで実施し、自主防災活動のレベルアップを図っている。

○ 地区間で講習会を合同開催することで、参加者数が少なくならないように工夫するとともに、相互の連携意識を形成。

合同防災リーダー講習会の様子

御所見地区防災組織連絡協議会：神奈川県藤沢市

【主な活動内容】
○ 協議会のメンバーが消防本部による研修を受け、得られた知識や技術を活かし、訓練の企画や技術指導を実施。

○ 組織内には企画担当、資料担当、技術指導、講師担当が存在しており、ノウハウ提供に特化した組織体系をとっている。

マップ作り指導の様子

12

自主防災組織の訓練・啓発活動の様子③

石神自主防災会：埼玉県新座市

【主な活動内容】
○ より多くの町民が参加できるイベントそして実施する「親子ウォーキング」において、地域の危険個所の把握、こども110番の位置確認等を行っている。

○ 学校を中心とした消防体制づくりとして、工区防災訓練を自治体や消防団、女性防火クラブ等と合同で実施。

親子ウォーキング

堀之内区自主防災組織：長野県白馬村

【主な活動内容】
○ 支え合いマップの作成を通して住民間の災害時の安否確認に対する意識を醸成。

○ 上記により、実災害の発生時には安否確認・避難支援を円滑に実施。

住民支え合いマップづくり

避難所の様子

13

自主防災組織の訓練・啓発活動の様子①

上山梨連合自主防災隊：静岡県袋井市

【主な活動内容】
○ 消防団、中学校、地元企業、民生委員など多様な主体が日頃から連携して防災訓練や防災会議を実施。

○ 防災会議においては毎月様々な防災対策について議論し、マニュアルの作成、防災訓練の計画を行い、常に防災に対する意識を醸成している。

合同訓練の様子

日本橋三丁目西町会：東京都中央区

【主な活動内容】
○ 地域の企業15社と協定を結び、防災活動に必要な「動ける人員」を確保している。

○ 年に10回程度の会議を行い、防災活動について検討し、毎年道路を封鎖しての防災訓練を実施。

合同訓練（心肺蘇生法）

合同訓練（傷病者の搬送訓練）

14

自主防災組織の活動に関する情報

　自主防災組織は、災害対策基本法において「住民の隣保協同の精神に基づく自発的な防災組織」と規定されているとおり、「自分たちの地域は自分たちで守る」という自覚、連帯感に基づき自主的に結成され、災害による被害を予防し、軽減するための活動を行う組織であり、災害時における住民の被害軽減のために必要な存在です。

　その自主防災組織ですが、自主防災組織の活動カバー率（全世帯数に対する自主防災組織が活動範囲としている地域の世帯数の割合）は、年々上昇し、令和4年4月1日現在で84.7%となっています。ただ、都道府県別にみると、そのカバー率にはばらつきがみられます。特に高い県では100%近くに達しているものの、東北や関東、九州の一部では、残念ながら低い水準となっています。

　また、活動カバー率は上昇しているものの、近年、肝心の活動実績が低調に推移している状況です。令和元年度以降は、新型コロナウイルス感染症の影響により、やむを得ず、活動実績が低調となったと考えられますが、新型コロナウイルス感染症の影響がなかった平成30年度以前をみても、防災訓練を実施した延べ回数は、自主防災組織の数を大きく下回る結果となっています。

　こうした状況を踏まえ、総務省消防庁では、令和5年度から自主防災組織等活性化推進事業を開始し、自主防災組織の活性化に関する取組を全額国費で支援する事業を開始しました（**第1部別添2「自主防災組織等活性化推進事業の概要」**参照）。

　なお、防災教育に関する取組もこの事業の対象となりますので、ぜひ防災教育についても積極的に推進してください。

自主防災組織の組織・活動状況

自主防災組織の組織数等

区　分	自主防災組織数	自主防災組織数内訳			構成員数
		町内会単位	小学校区単位	その他	
令和３年度（R４.４.１）	166,833	158,097	3,700	5,036	45,392,203
令和２年度（R３.４.１）	169,804	161,130	3,629	5,045	45,585,339
令和元年度（R２.４.１）	169,205	160,382	3,641	5,182	45,132,602
平成30年度（H31.４.１）	167,158	158,520	3,560	5,078	44,362,975
平成29年度（H30.４.１）	165,429	156,435	3,601	5,393	44,322,257

自主防災組織活動カバー率

区　分	市町村数	管内世帯数（A）	自主防災組織を有する市町村数	自主防災組織がその活動範囲としている地域の世帯数（B）	活動カバー率（B／A）％
令和３年度（R４.４.１）	1,741	59,085,273	1,690	50,023,291	84.7%
令和２年度（R３.４.１）	1,741	59,073,148	1,691	49,866,465	84.4%
令和元年度（R２.４.１）	1,741	58,605,994	1,688	49,417,219	84.3%
平成30年度（H31.４.１）	1,741	57,896,505	1,684	48,662,795	84.1%
平成29年度（H30.４.１）	1,741	57,230,376	1,679	47,602,299	83.2%

※活動カバー率：全世帯数のうち、自主防災組織の活動範囲に含まれている地域の世帯数の割合

自主防災組織の活動実績（延べ回数）（平常時）

区　分	防災訓練	防災知識の啓発	活動地域内の防災巡視	バケツ、消火器等の購入	その他
令和３年度（R４.４.１）	48,900	37,579	33,541	10,697	8,492
令和２年度（R３.４.１）	48,257	39,077	34,878	11,890	10,674
令和元年度（R２.４.１）	99,703	127,795	50,520	16,090	16,493
平成30年度（H31.４.１）	102,263	71,912	50,160	14,948	18,829
平成29年度（H30.４.１）	104,547	76,609	49,518	15,711	16,593

（備考）「消防防災・震災対策現況調査」により作成

自主防災組織の資機（器）材に関する見学（体験学習）

◆ 概　要 ◆

　小中学校において、隣保協同の精神に基づき、地域で防災活動を行っている自主防災組織について、その活動内容を体験することで、自主防災組織に対する理解を促進するとともに、自宅でできる防災を推奨することで、防災意識を醸成する。

【指導者】自主防災組織員

◆ ねらい ◆

- 地域における自主防災組織の意義や活動内容を理解する。
- 普段触れることのない自主防災組織の資機（器）材に触れることで、防災意識の醸成を促す。
- 近い将来、自らが地域防災の担い手となるという自覚を促す。

◆ タイムライン ◆

所要：約50分（授業1コマ分程度）

所　要	内　　　容	指導者	備　考
5分	自己紹介・授業の流れの説明	自主防災組織員	
25分	防災倉庫の見学・資機材の点検体験	自主防災組織員	
10分	備蓄食品の試食	自主防災組織員	
10分	質疑応答・講評	自主防災組織員	

◆　授業開始前準備　◆

1　用意する教材

① 防災倉庫
② 備蓄食品
　（例）乾パン、アルファ
　　　米、缶詰等

防災倉庫

備蓄食品

2　学校と事前調整するべき事項

(1) 参加する児童・生徒の人数
　・授業の規模感を把握するために、事前に確認することが必要。
(2) 参加する児童・生徒の保護者が自主防災組織員として参加するかどうか
(3) 講義の実施方法
　・授業の大まかな流れや時間配分を確認する。
(4) 講義の実施場所
　・児童・生徒を自主防災組織の集会所等に集めて実施することが理想であるため、児童・生徒の移動時間、手段等を含め、学校側と調整する。
(5) 児童・生徒のアレルギーの有無
　・児童・生徒に防災備蓄品を試食してもらうため、事前に児童・生徒のアレルギー情報を確認し、アレルギーのある生徒の扱いについて、学校側と協議する。
　・アレルギー対応の備蓄食品の試食ができれば理想だが、できない場合には、学校側と協議の上、試食ではなく、備蓄食品の持ち帰りや備蓄品の紹介に留めるよう工夫する。

◆ 授業の進め方 ◆

1
....
自己紹介・授業の
流れの説明

(1) 自己紹介
　　・自主防災組織員の服装は、原則として自主防災組織の活動を行
　　　う際の服装とする。
　　・普段の仕事内容や自主防災組織が所管する地域など、児童・生
　　　徒が分かる情報を織り交ぜながら自己紹介をする。

 指導のポイント

▶　自主防災組織員は "近所の方が助け合いながら活動している" ということについて、児
　童・生徒が実感できるよう心がける。
▶　自主防災組織員自身と学校との関係（例えば、卒業生であることや子供がこの学校に
　通っていることなど）を伝え、講義に対する興味を引く。

(2) 事業の流れの説明
　　・防災倉庫周辺での見学・体験から備蓄食品の試食に向かう流れ
　　　を説明する。

 指導のポイント

▶　特に、アレルギーがある場合には、試食において注意を促すよう指導する。アレルギー
　については、教員の協力も仰ぎ、事故が起こらないよう、管理を徹底する。

2
....
防災倉庫の見学・
資機材の点検体験

　　・児童・生徒が防災倉庫や防災倉庫に格納されている資機材を間近
　　　で見学する機会を設ける。
　　・資機材の点検（（例）非常用発電機や投光器の試運転等）の様子を
　　　実演する。可能であれば、学校と調整の上、希望する児童・生徒
　　　に対して、資機材の点検や取扱い（（例）ジャッキを用いた重量物
　　　の持ち上げや拡声器を用いた避難誘導等）を体験する機会を設け
　　　る。

 指導のポイント

▶　格納されている資機（器）材は、取扱いに注意が必要なもの（例えばチェーンソーな
　ど）もあるので、児童・生徒のけが防止のため、危険な資機材には、必ず1人以上の自主
　防災組織員を配置し、対応する。
▶　講義終了後、資機材を間近で見学する機会を設けるとよい。

・備蓄食品のローリングストックを兼ねて、児童・生徒に対して備蓄食品を提供し、試食する機会を設ける。

・ローリングストックの重要性を説明し、自宅で備蓄する場合にも児童・生徒自身がローリングストックを行うことができるようにする。

・様々な備蓄食品があることを紹介し、児童・生徒の嗜好に合った食品を無理なく備蓄できることを説明する。

👆 指導のポイント

▶ アレルギー対応については、事故が起こらないよう、学校側と協力し、管理を徹底する。

▶ アルファ米の試食を行う場合には、お湯を使うため、やけどに注意する。

▶ 3日分の食料・飲料水を実際に用意し、備蓄品の規模感を示すことで、児童・生徒が自宅で備蓄に取り組むよう促す。

◆ 講評文例 ◆

📢 防災倉庫に関する紹介例

　防災倉庫は、○●地区自主防災組織では○公民館に1つ、○●集会所に1つで計2つあり、本日はそのうちの1つの○公民館の防災倉庫に来ていただいています。防災倉庫をこの2つに置いているのは、○●地区の中心付近に位置しているという理由と、○公民館と○●集会所が災害時の避難場所として指定されているためです。

　防災倉庫の鍵は、○●地区自主防災組織の親組織である○●自治会の防災担当役員さん2名が持ち回りで保管しており、自治会長さんも管理しています。万が一何かあった際には、鍵を管理している防災担当役員さんか自治会長さんが防災倉庫の鍵を開けることになっています。

　防災倉庫の中には、乾パン、アルファ米、缶詰、調整粉乳、備蓄用のミネラルウォーター等の備蓄食料、投光機、発電機、炊き出し用バーナー、テント、簡易トイレ、布担架、組み立て式リヤカー、救出用資器材セット、間仕切りパネル等の救助用資機材、毛布、カーペット、バケツ、タオル、せっけん、ポリタンク、調理器具、食器、ゴミ収集袋、オムツ、多機能ラジオ、乾電池、ブルーシート等の生活用品、さらに救急用医療セットや灯油等の燃料も備蓄しています。

　なお、今日は、この講義の後半に、備蓄している食品の試食会を実施します。最近の備蓄食品はおいしいものが多いので、是非食べてみてください。

　備蓄する数は、自治会の構成員の数より多くの物資を備蓄しています。これは、ここが幹線道路に近い場所ということもあり、道路を往来している際に被災した方を一時的に受け入れることができるようにするためです。

　また、炊き出し用バーナーや調理器具なども用意しており、避難生活が長期間にわたった場合に備えて、炊き出しを行うことができるよう準備しています。

📢 ローリングストックに関する紹介例

災害発生時には物資不足に陥る懸念から、日頃から物資を備蓄しておくことが重要です。特に、人が生きていくために必須となる食料品については、万が一に備え、一定期間無補給でも過ごせるよう備蓄しておくことが重要です。その期間は、南海トラフ地震のような大規模災害では、１週間以上の備蓄が望ましいとの指摘もあります。

この食品の備蓄ですが、普段は使わない場所に置いておくと存在を忘れ、気がついたら消費期限が大幅に過ぎており、災害時に使えないという最悪の事態も発生しかねません。そこで、ローリングストックといって、備蓄食品を日常的に食べて、食べた分を買い足すという行為を繰り返す方法が注目されています。

本日は、皆さんに備蓄食品の試食をしていただきますが、実はこれもローリングストックの一環で、本日消費した分を新たに備蓄することで、備蓄食品の新陳代謝を行うことになります。また、備蓄食品に関する技術は日々進歩しており、今ではとてもおいしいものが多く存在しています。

皆さんがご自宅に帰った後、今日食べた備蓄食品を参考に、ローリングストックによって備蓄を始めてみるといいかもしれません。

なお、ローリングストックに取り組みやすくするために、缶詰などを使ったパスタや炊き込みご飯など、備蓄食品を使った様々なレシピもインターネット等で検索可能です。是非、この機会にローリングストックで備蓄を始めてみてください。

◆ 指導用様式・素材 ◆ （消防庁提供資料）

● 備蓄食品に関する資料例

いろいろな種類の備蓄食料

大災害が発生した際、ライフラインの復旧に1週間以上を要するケースが多いことから、一人あたり<u>最低3日分、できれば1週間分</u>の備蓄食料の確保が望ましいとされています。

主食

おかず

お菓子

飲料水

津波の速さ

　1960年（昭和35年）5月24日早朝、日本列島の北海道から沖縄までの太平洋沿岸に、突如として津波が来襲しました。この津波により、人家や交通インフラなどが大きな被害を受けた上に、100名を超える死者・行方不明者を出しました。

　ここまで被害が膨らんだのは、今ほど津波対策が進んでいなかったこと、津波警報が発令されなかったこと、そしてこの津波を引き起こした地震が、地球上で日本の反対に位置するチリで発生し、日本においてその地震を体感できるものではなかったことによるものであるといわれています。

　実は、津波は、水深の深いところ（水深約5,000メートル）では、ジェット機の巡航速度なみの速さ（時速約800キロメートル）で進みます。水深が比較的浅くなる海岸付近では、そのスピードは遅くなりますが、それでも水深が10メートル程度であれば、時速約40キロメートルと自動車なみの速さで進みます。このため、地球の裏側で発生した地震による津波であっても、翌日には日本に来襲することがあり得ます。

　たとえ地球の裏側など、自分の住む地域から離れた地域で地震が発生した場合であっても、津波発生の有無など、防災情報を確認することが必要です。

実践例
06

DIG

◆ 概　要 ◆

　ＤＩＧ（Disaster Imagination Game）を通じて、地域の災害
リスクを理解し、防災・減災のための具体的なアイデア出しや行動
を促すことで、児童・生徒の防災力を高める。

【指導者】消防団員又は自主防災組織員

◆ ねらい ◆

● 児童・生徒が暮らす地域や学校周辺の災害リスクについて、理
解を促す。

● 普段の生活において、災害リスクを意識した行動を促す。

● 近い将来、自らが地域防災の担い手となるという自覚を促す。

◆ タイムライン ◆

所要：約100分（授業2コマ分程度）

所要	内　容	指導者	備　考
5分	防災まち歩きに関する説明	消防団員又は自主防災組織員	
45分	防災まち歩きの実施	教員・消防団員又は自主防災組織員	班ごとに指定した地域を歩き、防災上留意が必要な箇所について記録する。
—	休憩時間（10分程度）	—	
25分	防災マップの作成/防災マップを用いて、防災力向上に向けた対応について班ごとに話し合い	消防団員又は自主防災組織員	
20分	班ごとに話し合った内容を発表	消防団員又は自主防災組織員	
5分	講評	消防団員又は自主防災組織員	

◆ 授業開始前準備 ◆

1 用意する教材	(1) 防災マップの基となる白地図 (2) 防災マップを作成するための文房具 　（例）危険箇所を目立たせるための色ペン 　　　　防災拠点を示すためのシール
2 学校と事前調整 するべき事項	(1) 参加する児童・生徒の人数 ・授業の規模感を把握するために、事前に確認することが必要。 (2) 講義の実施方法 ・授業の大まかな流れや時間配分を確認する。 (3) 班ごとの防災まち歩きの担当区域 ・どの班が、どの区域で防災まち歩きを行うかを確認する。 (4) 防災まち歩きの随行の必要の有無 ・防災まち歩きを安全に行うため、指導者が各班に随行する必要 があるかどうかを確認する。 ・随行が必要となった場合、指導者・教員のうち、誰がどの班に 随行するかを決める。

◆ 授業の進め方 ◆

1 防災まち歩きに 関する説明	・各班に人数分の白地図（担当区域のもの）を配布 ・防災マップ（完成見本）を示し、担当区域の白地図を防災マップ にするために必要な情報を集める旨の説明を行う。

🖐 指導のポイント

▶ 平易な言葉を使い、児童・生徒でも理解しやすい説明を行う。
▶ 資料1枚当たり2～3分程度で説明する。
▶ 激甚な災害でも、風水害の場合は、被害の発生から逆算して適切に対応することで、安全に避難することができることを理解させる。

---

2 防災まち歩きの実施	・班ごとに分かれてまち歩きを行う。その際、交通ルールの遵守を 徹底する。

<table>
<tr>
<td>

3

· · · · · · · · · · · · · · · ·

防災マップの作成/
防災マップを用い
て、防災力向上に向
けた対応について班
ごとに話し合い

</td>
<td>

・防災マップを完成させるために、防災上重要な施設（消防署や警
　察署・交番などの公共施設、医療機関、避難所、防災倉庫、コン
　ビニ・スーパーなど）や、防災まち歩きで得た情報を白地図に追
　記する。
・防災まち歩きにおいて収集した防災情報について、班ごとに白地
　図に記入し、防災マップを完成させる。
・完成した防災マップを見ながら、当該地域における防災力向上の
　ための具体的なアイデアについて話し合い、まとめる。

</td>
</tr>
</table>

👆 **指導のポイント**

▶　防災マップの作成に当たっては、作業時間短縮のため、防災拠点を示すシールを使用す
るなど工夫する。
▶　防災力向上のための具体的なアイデアについては、例えば、地震や風水害が発生した際
に避難の支障となり得るものを排除する方策や、より迅速な支援を行うための避難誘導の
やり方等をシミュレーションして、考えさせる。
▶　4での発表に備え、各班に模造紙サイズ（Ａ０判）の白地図を用意することが望ましい。

<table>
<tr>
<td>

4

· · · · · · · · · · · · · · · ·

班ごとに話し合った
内容を発表

</td>
<td>

・各班で作成した防災マップを示しながら、3で話し合った内容を
　班ごとに発表する。
・発表する班の数などから、時間的な余裕があれば、質疑応答の時
　間を設ける。

</td>
</tr>
<tr>
<td>

5

· · · · · · · · · · · · · · · ·

講評

</td>
<td>

・授業全体についての講評を行う。
・可能な限り、各班が行った発表についても触れ、良かった点と改
　善を要する点に触れた講評を行う。（「**講評文例**」参照）

</td>
</tr>
</table>

📢 ワークショップに対する講評例

皆さん、今日は長時間にわたる受講、お疲れ様でした。

実際に学校の外に出てもらって、災害リスクを念頭に、学校の周辺を見ていただいたことで、普段とは異なる様子が見て取れたのではないでしょうか。

また、防災マップを基に、地域の防災力をさらに向上させるためのアイデアについても一生懸命考えていただいたことと思います。それぞれの班から工夫を凝らしたアイデアが出され、非常に聞き応えのある内容でした。

その上で、全体的な講評として、いくつかお話しします。

まず、ブロック塀や屋外看板など、地震の際に崩れる危険性があるものが防災マップに記載されていた点が良かったです。特に、ブロック塀は普段は動くことはないので、安全なものと認識してしまいがちですが、ブロック塀付近に避難していると、その下敷きになってしまうおそれもありますので、注意が必要です。地震をやり過ごす際には、開けた場所で、頭を守る姿勢でいるよう心がけてください。

次に、風水害の際に注意すべき箇所として、ハザードマップに記載されていない蓋のない側溝などを細かく記載していただいた点も良かったです。大雨の際には、排水が追いつかず、一時的に道路が冠水することがあります。その場合には、当然ですがきれいで透明な水ではなく、濁った水が道路を覆うことになるので、側溝に足を取られるだけで、状況によっては命に関わる事態を招くおそれがあります。

また、これに関連して、防災力向上のための対策として、風水害による被害が発生することが予見される場合には、タイムラインを用いて被害発生から逆算して、避難の行動を促すことを広めていくというアイデアを出していた班がありました。これはとてもすばらしい対策だと思います。先ほど申し上げたとおり、道路が冠水した状態で避難するのは、高いリスクを伴います。こうした状況が発生する前、なおかつ可能であれば日中に避難することで、避難中の事故などのリスクをかなり抑えることができるでしょう。

防災力を向上させるためのアイデアとしては、避難しやすくするための道路の整備や河川・橋梁の整備などに目が向きがちです。しかし、こうしたハード面の整備については、かなりの時間と費用を要してしまうので、皆さんがご提案したようなソフト面の対策が非常に有効になります。

（個別の班についての講評があれば、適宜追加）

今日は、学校の周辺を見て回るということでしたが、今日の授業を参考に、皆さんのご自宅周りや出先などで災害リスクを意識するなど、少しでも防災について興味を持ってもらい、いざというときには自分自身の身の安全を守れるよう、備えていただきたいと思います。

◆ 指導用様式・素材 ◆ （消防庁提供資料）

● 防災マップ完成例（例）

● 防災力向上のための考え方（例）

HUG

　災害発生時に特に重要なものの１つとして、避難所の運営が挙げられます。避難所の運営方法は、各地域によって異なりますが、より安定的・自立的な避難所運営のためには、自治会や自主防災組織が中心となって、地域住民や避難者を主体として運営することがよいとされています。そのため、避難所運営について、平時から備えておくための一方策として、模擬的に避難所運営についてゲームで学ぶことができるHUG（Hinanzyo　Unei　Game）を体験することが考えられます。また、HUGは、発展的な内容にはなりますが、防災教育の中に取り入れることも可能です。

　HUGは、避難者の年齢や性別、国籍やそれぞれが抱える事情が書かれたカードを、避難所の体育館や教室に見立てたフィールドに適切に配置できるか、また、避難所で起こる様々な出来事や状況にどう対応していくかを模擬体験するものです。

　HUGは、自前で資料を用意することが難しいため、パッケージを購入することが有益です。HUGのパッケージとしては、静岡県危機管理局が企画・開発した防災カードゲームがあり、「NPO法人静岡県作業所連合会・わ」で購入することができます。

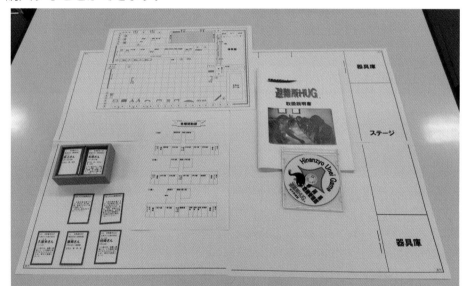

タイムライン防災

◆ 概　要 ◆

　豪雨災害など被害の発生が予見可能であり、事前に対応できる災害に対して、被害発生から逆算して災害対応を行うことの重要性を認識してもらうために、タイムライン防災に関する講義を行う。

　また、災害時の非常用持ち出し袋に入れるものの想定を行うことで、災害に備える力を養う。

【指導者】 消防団員又は自主防災組織員

◆ ねらい ◆

- 災害の発生を前提として、防災行動を迅速かつ効果的に行えるよう、事前に行動計画を策定する重要性を伝える。
- 普段の生活において、非常用持ち出し袋の確認を促すなど、防災に向けた意識を醸成する。
- 近い将来、自らが地域防災の担い手となるという自覚を促す。

◆ タイムライン ◆

所要：約50分（授業1コマ分程度）

所　要	内　　容	指導者	備　考
15分	タイムライン防災に関する説明	消防団員又は自主防災組織員	
5分	地域の風水害の発生状況に関する説明	消防団員又は自主防災組織員	
25分	非常用持ち出し袋に関するワークショップ	消防団員又は自主防災組織員	ワークショップは班ごとに実施し、発表はクラス全体で実施
5分	講評	消防団員又は自主防災組織員	

◆ 授業開始前準備 ◆

1 用意する教材	(1) 説明用資料（「指導用様式・素材」参照） (2) ワークショップ用資料（「指導用様式・素材」参照）
2 学校と事前調整 するべき事項	(1) 参加する児童・生徒の人数 ・授業の規模感を把握するために、事前に確認することが必要。 (2) 講義の実施方法 ・授業の大まかな流れや時間配分を確認する。

◆ 授業の進め方 ◆

1 タイムライン防災に 関する説明	・「指導用様式・素材」に示す資料案を参考に、タイムライン防災に係る一般的な内容について、資料に沿って説明する。

 指導のポイント

▶ 平易な言葉を使い、児童・生徒でも理解しやすい説明を行う。
▶ 資料1枚当たり2〜3分程度で説明する。
▶ 激甚な災害でも、風水害の場合は、被害の発生から逆算して適切に対応することで、安全に避難することができることを理解させる。

2 地域の風水害の発生 状況に関する説明	・1において、タイムライン防災に係る一般的な説明を行った上で、地域の風水害の発生状況に関する説明を行う。

 指導のポイント

▶ 風水害を身近に感じられるよう説明し、風水害による被害が自分にも降りかかってくる可能性があるということを児童・生徒に認識させる。
▶ その上で、児童・生徒自身がマイ・タイムラインを作成するよう促す。

3 非常用持ち出し袋 に関する ワークショップ	・タイムライン防災についての知識を踏まえ、風水害による被害を想定して、避難所に避難する場合の非常用持ち出し袋の中身を考えるワークショップを行う。 ・「指導用様式・素材」に示す資料案を参考に、児童・生徒の班ごとに非常用持ち出し袋に入れるべきものを考え、まとめる時間を15分程度設ける。

・15分経過後、班ごとに非常用持ち出し袋に入れるべきものを発表する。（10分程度）

 指導のポイント

▶ 児童・生徒が考えやすいように、非常用持ち出し袋に一般的に入れておくことが望ましいものについては、あらかじめ示しておくことも考えられる。

▶ リュックやバッグに入れて持ち運ぶことができる量を考え、取捨選択することの必要性をアドバイスする。

▶ 授業時間に余裕がある場合には、リュックや物資を用意し、実際に選ばせた上で、持ち運ぶ体験を組み込むことも考えられる。

4
講評

・非常用持ち出し袋の中身を考えるワークショップについての講評を行う。

・可能な限り、発表を行った全ての班の良かった点と改善を要する点に触れた講評を行う。（発言例については「**講評文例**」を参照。）

指導のポイント

▶ ここでは、児童・生徒自身が被災者となる想定で、非常用持ち出し袋の中身を考えるものとしているが、実際に自宅で非常用持ち出し袋を準備する際には、乳幼児や高齢者など、家族構成等によってその中身が変わってくるという点について説明し、理解させる。

◆ 講評文例 ◆

ワークショップに対する講評例

（全体講評例）

　皆さん、非常用持ち出し袋に関するワークショップ、お疲れ様でした。

　今回は、紙面に中身を書き出していく形をとりました。現品がありませんので、なかなかイメージが湧かない中、一生懸命考えていただいたことと思います。それぞれの班から工夫を凝らしたアイデアが出され、非常に聞き応えのある内容でした。

　まず、全体的な講評として、良かった点は、災害を自分事として捉えて、避難所でどういったものが必要になるか、逆にどういったものはなくても大丈夫かという点について、よく考えられていたことです。これは非常に重要な点です。実際に避難生活を送る機会はなかなかないですから、想像を膨らませながら、避難生活に必要なものを選ぶということが大切になります。

　次に、改善が必要な部分としては、皆さんが選んだ物資を1つのリュックに入れると、少し重すぎるのではないかという点です。避難は、原則徒歩で行うことになりますので、ご自宅で非常用持ち出し袋を用意する場合には、実際に入れてみて、持ち運ぶことができるか、という点にも気を配ることが

必要です。

　続いて、班ごとの発表を聞いて、感心した点をお伝えします。

（班ごとの講評例）
①　スマートフォンの充電器と電池を入れている点を評価
　　A班、B班・・・○班では、スマートフォンの充電器と電池を入れるという発表がありました。これは、すばらしい気づきだと思います。
　　スマートフォンがあれば、被害の発生状況に関する情報を得ることができますし、家族や友人との連絡手段を確保することも可能です。また、大変な避難生活において、少しでも気を紛らわせるための娯楽も得やすくなりますので、心のよりどころとして活用できるものです。もちろん、災害の程度によっては、電波が喪失し、電話やSNSなどの通信はできない可能性もありますが、手軽に明かりをとることも可能です。
　　スマートフォンを使用し続けるためには、当然充電器と電池が必要になります。実際、2018年（平成30年）に発生した北海道胆振東部地震では、ブラックアウトが発生し、スマートフォンの充電ができないという状況に陥りました。こうした非常時でも、スマートフォンを活用できるように充電器と電池を用意するということは、重要な心がけといえます。
②　防寒グッズを入れている点を評価
　　A班、B班・・・○班では、防寒着を入れるという発表がありました。体育館が避難所として指定されることが多いですが、普段の授業の中で体育館を使う機会が多い皆さんならではの気づきだと思います。
　　体育館は板張りで、冬はもちろん、夏場でも夜間には寒く感じることがあります。東日本大震災を契機に、避難生活の環境改善のために、段ボールベッドや毛布などを備蓄するケースが増えていますが、発災直後の混乱の中、全ての避難者に対して、漏れなく速やかに配布するのは難しい状況になり得ます。こうした状況に備え、防寒グッズを用意することは、避難生活を少しでも快適に過ごすための工夫といえます。
③　ボディシート等の衛生用品を入れている点を評価
　　○班では、ボディシートを入れるという発表がありました。ボディシート等の衛生用品は、快適に過ごすための工夫として優れているといえます。
　　被災時には、着の身着のままで逃げることが想定され、どれくらいの間家に帰れるか、もっといえば、いつお風呂には入れるか分からないという状況も起こり得ます。こうした状況においても、自分自身を清潔に保ち、少しでも快適に過ごすことができるようにするには、ボディシート等の衛生用品の活用は重要です。
　　また、豪雨被害が発生しやすい、いわゆる出水期は6月から10月で、暑い季節となります。先ほど申し上げたとおり、避難所生活では、お風呂に入れない日が続くことが想定されます。実際に非常用持ち出し袋を用意する際には、汗などを簡単に拭けるボディシート等の衛生用品も、是非検討してみてください。
④　趣味のもの（ゲーム等）を入れている点を評価
　　○班では、ゲームを入れるという発表がありました。

これは、意外かと思われますが、趣味に関するものは、避難生活を乗り切るためには必要な物資です。避難生活は、災害によっては長期間にわたって避難所で寝起きすることを余儀なくされ、さらにパーソナルスペースの確保が難しいことから、かなりのストレスを抱えることになります。こうした状況で、少しでも自分の好きなことに没頭することができる時間があれば、多少なりともリフレッシュできますし、避難所生活を乗り越えるための活力にもつながります。

　もちろん、非常用持ち出し袋の中を、趣味のものだけにすることは問題ですが、非常用持ち出し袋のスペースに余裕がある場合などには、入れることも検討してみてください。

　なお、当然ですが、避難所では、多くの方と一緒に過ごすことになります。そのため、避難所でゲームなどをする際には、周りの人の迷惑にならないようにしてください。大声や大きな音を出さない、消灯時間以降はゲームをしないなど、避難所生活のルールやマナーを守ることが大切です。

（まとめ）

　今日の授業は、いかがでしたか。

　これを契機に、是非、ご自宅で非常用持ち出し袋の準備をしてください。また、既に準備されている方は、その内容の見直しをしてみましょう。実際の非常用持ち出し袋に入れるものは、ご家族の構成、特に乳幼児やご高齢の方がいる場合には、ミルクや離乳食、服用薬の準備など、必要なものが変わってきます。準備に当たっては、こうした点も考慮する必要があります。

　今日の授業を参考にしながら、想像力を働かせ、いつやって来るか分からない災害に備え、準備を始めましょう。

◆ **指導用様式・素材** ◆ （消防庁提供資料）

●地域の風水害の発生状況に関する説明（例）

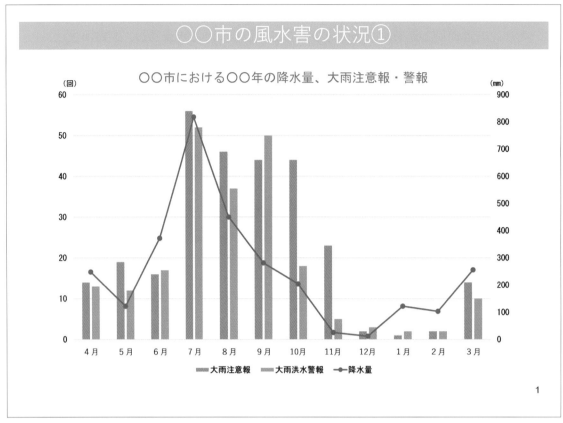

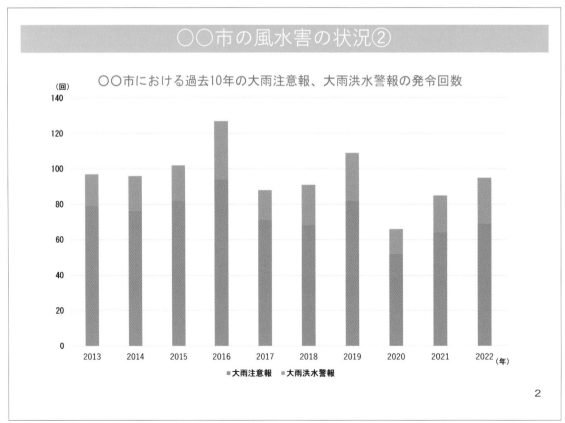

70 ② 防災教育の実践例

●備蓄食品に関する資料例

非常用持ち出し袋を準備しよう

災害が起こって避難しなければならなくなった時に備えて、
「非常用持ち出し袋」を用意しておきましょう。

非常用持ち出し袋の中には**最低でも**これだけのものが必要
です。

●ワークショップ資料（例）

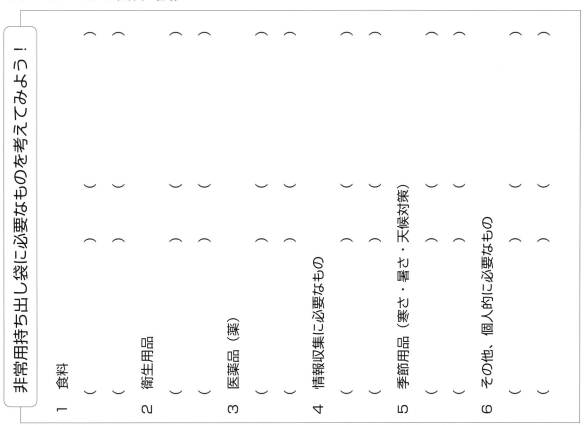

非常用持ち出し袋に必要なものを考えてみよう！

1　食料

2　衛生用品

3　医薬品（薬）

4　情報収集に必要なもの

5　季節用品（寒さ・暑さ・天候対策）

6　その他、個人的に必要なもの

「マイ・タイムライン」の作成

1　マイ・タイムラインの目的

　マイ・タイムラインとは、災害の発生を前提に、「いつ」、「誰が」、「何をするか」に着目して、時系列に整理した住民一人ひとりの計画です。大雨や台風の接近によって河川の水位が上昇するなど、災害が発生するおそれがあるときに、自分自身がとる標準的な行動をあらかじめ整理し、とりまとめて「逃げ遅れ」を防ぐために作成します。

2　一般的な作成手順

(1)　ハザードマップで自宅の災害リスクを確認する

　自宅が浸水や土砂災害の危険がある区域にあるか確認します。

(2)　避難のタイミングと避難先を決める

　避難するタイミングや避難先を決めます。

　親戚や知人宅に避難する場合には、避難先や避難経路が安全かどうかハザードマップで確認しましょう。また、遠方にある場合には早めに避難を始めます。

(3)　マイ・タイムラインを作る

　いつ、どのような行動をとるべきなのか、マイ・タイムラインに書き込んで、命を守るための避難行動を時系列で整理します。

(4)　マイ・タイムラインを活用する

　台風や豪雨で災害が発生するおそれがあるときは、作成したマイ・タイムラインを参考にして避難しましょう。

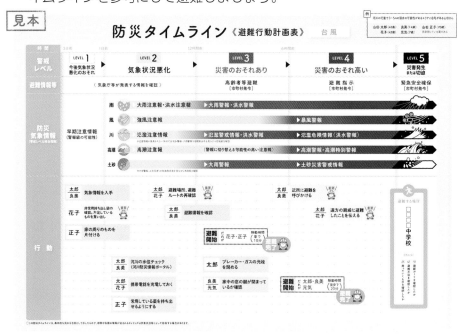

マイ・タイムラインの作成例

（出典）『わが家の防災タイムライン』東京法令出版

3　マイ・タイムラインの作成様式

　国土交通省や各自治体等でHPに掲載したり、冊子等で配布されているもののほか、市販の作成用キットがあります。

Column
07

近年の風水害の被害状況

　近年、風水害による甚大な被害が頻発しています。線状降水帯の発生など、これまでに経験したことのないような災害が起きており、過去に風水害による被害をあまり経験してこなかった地域でも大きな被害を受けています。

　被害の状況はそれぞれの年によって異なりますが、災害の多発化、大規模化の傾向は収まることなく続いています。特に、人的被害（死者・行方不明者数）については、被害が突出している平成30年を除いても、毎年50〜100人もの方々が犠牲になっています。また、住家被害（全壊・半壊）についても、毎年数千戸単位で発生している状況にあります。このため、風水害により、避難生活を余儀なくされる方もかなり多いことが推測されます。

　一方、風水害は、気象予報の精度向上により、事前に被害の発生が予測しやすい災害であるともいえます。近年の災害発生状況を踏まえ、例えば、非常用持ち出し袋の用意やマイ・タイムラインの作成など、風水害の発生に備えた対策を進めましょう。

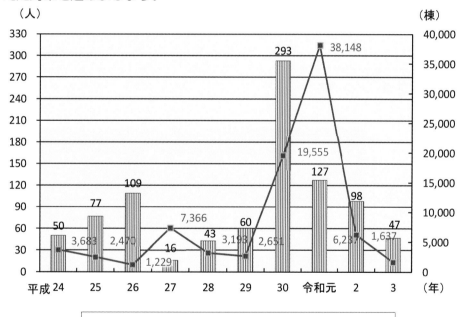

（備考）「災害年報」により作成

防災キャンプ

◆ 概　要 ◆

　課外授業の一環として、防災キャンプを行う。実践例1〜7の発展版として、1泊2日の日程で、避難所での生活体験や非常用持ち出し袋の作成体験等を行う。

【指導者】消防団員又は自主防災組織員

◆ ねらい ◆

- 児童・生徒が実践的な防災力を養う。
- 地域の防災における自主防災組織の意義や活動内容を理解する。
- 近い将来、自らが地域防災の担い手となるという自覚を促す。

◆ タイムライン ◆

	内　容	指導者	備　考
13時〜	オリエンテーション	消防団員又は自主防災組織員	・防災キャンプの流れ、会場使用上の注意事項について説明 ・参加者、指導者の自己紹介 ・班編制の発表
13時30分〜	DIG（防災まち歩き＋防災マップの作成）	消防団員又は自主防災組織員	
16時〜	非常用持ち出し袋に関するワークショップ	消防団員又は自主防災組織員	
17時30分〜	炊き出し体験	消防団員又は自主防災組織員	
18時30分〜	夕食	―	炊き出しで調理したものを夕食として食べる

19時30分〜	避難所設営体験	消防団員又は自主防災組織員	
21時30分〜	自由時間	—	
22時〜	就寝	—	
6時30分	起床	—	
7時〜	朝食	—	ケータリング等を利用する
8時〜	片付け	—	段ボールベッド等を片付ける
9時30分〜	被災体験に関する講演	講師	
11時〜	班ごとに感想等まとめ・発表	消防団員又は自主防災組織員	
12時	解散		

◆　授業開始前準備　◆

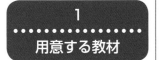

(1)　DIG
　・防災マップの基となる白地図
　・防災マップを作成するための文房具
　　（例）危険箇所を目立たせるための色ペン
　　　　　防災拠点を示すためのシール
(2)　非常用持ち出し袋に関するワークショップ
　・非常用持ち出し袋用のリュック（各班１個）
　・非常用持ち出し袋に入れることが想定される物資（各班１個以上）
　　（例）非常用トイレ、給水袋、懐中電灯、ヘッドライト、雨具、ヘルメット、軍手、安全靴、笛、水、非常食、消毒液、包帯、絆創膏、常備薬、除菌タオル、ウェットティッシュ、マスク、虫よけ、ラジオ、スマートフォン、乾電池、モバイルバッテリー、ハザードマップ、筆記用具等
(3)　炊き出し体験
　・炊き出し用調理器具
　・食材
　・食器
　・飲料水

2 学校と事前調整 するべき事項	(1) **参加する児童・生徒の人数** ・授業の規模感を把握するために、事前に確認することが必要。 (2) **防災キャンプの実施場所** ・可能な限り、実際に避難所として使用される公共施設（体育館等）とする。 (3) **講義の実施方法** ・授業の大まかな流れや時間配分を確認する。 (4) **児童・生徒のアレルギー対応**

◆　授業の進め方　◆

1 オリエンテーション	・学校や施設の態様に応じた必要事項を伝達するオリエンテーションを行う。
2 DIG（防災まち歩き ＋防災マップの作成） ※実践例06参照	(1) **防災まち歩きに関する説明**（5分程度） ・各班に人数分の白地図（担当区域のもの）を配布 ・防災マップ（完成見本）を示し、担当区域の白地図を防災マップにするために必要な情報を集める旨の説明を行う。 ・防災マップを完成させるために、防災上重要な施設（消防署や警察署・交番などの公共施設、医療機関、避難所、防災倉庫、コンビニ・スーパーなど）や、防災まち歩きで得た情報を白地図に追記する。

 指導のポイント

▶　平易な言葉を使い、児童・生徒でも理解しやすい説明を行う。
▶　資料1枚当たり2～3分程度で説明する。
▶　激甚な災害でも、風水害の場合は、被害の発生から逆算して適切に対応することで、安全に避難することができることを理解させる。

(2) **防災まち歩きの実施**（40分程度）
　・班ごとに分かれてまち歩きを行う。その際、交通ルールの遵守を徹底する。
(3) **防災マップの作成/防災マップを用いて、防災力向上に向けた対応について班ごとに話し合い**（40分程度）
　・防災まち歩きにおいて、収集した防災情報について、班ごとに白地図に記入し、防災マップを完成させる。
　・完成した防災マップを見ながら、当該地域における防災力向上に向けた具体的なアイデアについて話し合い、まとめる。

▶　防災マップの作成に当たっては、作業時間短縮のため、防災拠点を示すシールを使用するなど工夫する。

▶　防災力向上のための具体的なアイデアについては、例えば、地震や風水害が発生した際に避難の支障となり得るものを排除する方策や、より迅速な支援を行うための避難誘導のやり方等をシミュレーションして、考えさせる。

▶　⑷での発表に備え、各班に模造紙サイズ（ＡＯ判）の白地図を用意することが望ましい。

⑷　**班ごとに話し合った内容を発表**（40分程度）

　・各班で作成した防災マップを示しながら、⑶で話し合った内容を班ごとに発表する。

　・班の発表の都度、質疑応答の時間を設ける。

⑸　**講評**

　・授業全体についての講評を行う。

　・可能な限り、各班が行った発表についても触れ、良かった点と改善を要する点に触れた講評を行う。（**実践例06「講評文例」**参照）

3
非常用持ち出し袋に関するワークショップ

・地域における風水害の発生状況を説明した上で、風水害による被害を想定して、避難所に避難する場合の非常用持ち出し袋の中身を考えるワークショップを行う。

・実際に非常用持ち出し袋として使用するリュックと物資を用意し、班ごとにオリジナルの非常用持ち出し袋を準備する。（40分程度）

・班ごとに非常用持ち出し袋の内容や物資の選び方について発表する。（40分程度）

・全ての班の発表が終了した後、講評（**実践例07「講評文例」**参照）を行う。（5分程度）

▶　物資については、あえて非常用持ち出し袋に入りきらない種類・量を用意し、班ごとに物資の取捨選択を行うこととする。

▶　リュックやバッグに入れて持ち運ぶことができる量を考えて取捨選択することの必要性をアドバイスする。

▶　班ごとに、幼児がいる想定、高齢者がいる想定など、条件付与を行い、非常用持ち出し袋の内容を検討させることも考えられる。

4
炊き出し体験

・避難所での生活を体験するため、炊き出しを実施する。

・炊き出しで調理したものは、夕食として、児童・生徒自らが食べる。

5
・・・・・・・・・・・・・・・・・
避難所設営体験

・避難所での生活を体験するため、段ボールハウスや段ボールベッドを設営する。

避難所設営体験の様子

・設営したものを使用して就寝する。

6
・・・・・・・・・・・・・・・・・
**被災体験に
関する講演**

・総務省消防庁が実施する「防災意識向上プロジェクト」を活用し、東日本大震災などの大規模災害を経験した講師を招へいし、講義を行う。

◆　指導用様式・素材　◆

●防災マップ完成例（例）

　　実践例06「指導用様式・素材」参照

●防災力向上のための考え方（例）

　　実践例06「指導用様式・素材」参照

●地域の風水害の発生状況に関する説明（例）

　　実践例07「指導用様式・素材」参照

少年消防クラブ（ＢＦＣ）

　児童・生徒が消防や防災について、より深く学んでいくための取組として、少年消防クラブ（ＢＦＣ（Boys and girls Fire Club））があります。

　全国には、約4,300の少年消防クラブがあります。クラブ員は、主に小学校4年生から高校生で構成されており、児童・生徒約40万人が活動しています。

　具体的な活動内容は、クラブによって異なりますが、防災マップ作り、防火パトロール、研究発表、防災訓練等への参加、防災キャンプなど、様々な活動が行われています。また、例年夏に全国少年消防クラブ交流大会が開催され、さらに優良な少年消防クラブ等を表彰する「優良少年消防クラブ・指導者表彰（フレンドシップ）」を実施するなど、国においても少年消防クラブの活動を支援しています。

　防災教育を実施する際に、防災に特に興味のある児童・生徒に対しては、少年消防クラブへの加入を働きかけることも、将来の地域防災力を向上させていくためには有効です。

第3部

資　料　集

児童生徒等に対する防災教育の実施について
〔防災教育通知〕

（令和3年12月1日）
（消 防 地 第416号）

各都道府県消防防災主管部局長　殿
（消防団・自主防災組織担当扱い）

消防庁国民保護・防災部防災課地域防災室長

　平素より、消防防災行政の推進に御理解と御協力を賜り、御礼申し上げます。

　近年、地震、台風、集中豪雨、火災等の様々な災害が多発しており、今後は、南海トラフ地震や首都直下地震など、さらに大規模な災害が発生する可能性も高いとされています。

　したがって、自らの安全を守る能力を幼い頃から継続的に育成していく防災教育について、その充実に取り組むことが重要です。その際、「自助」だけでなく地域住民同士による「共助」の視点も重要であり、地域防災力の中核を担う消防団員等が防災教育に積極的に携わっていくことは、消防団活動に対する理解、ひいては将来の地域防災力の担い手育成にも有効です。

　現在、中央教育審議会初等中等教育分科会学校安全部会において、「第3次学校安全の推進に関する計画」の策定に向けた検討が進められており、本年11月26日に公表された素案において、「地域に密着して「共助」の役割を担っている消防団や自主防災組織の活動と、学校における防災教育を関連付けるなど地域の実情に応じた防災教育を進めることも重要である」や、「教育委員会や学校と連携しながら、児童生徒等が将来の地域防災力の担い手となるよう、消防団員、自主防災組織員等による講演や体験学習、防災訓練等の防災教育を推進する」といった内容が記載されているところです。

　このため、貴職におかれましては、令和4年度からの防災教育の充実に向け、下記により、小学校、中学校、高等学校及び特別支援学校において、消防団員等が参画し、体験的・実践的な防災教育の推進に取り組まれますようお願いいたします。

　この旨、貴都道府県内の市区町村に対して、周知いただくようお願いいたします。

　なお、本件については、文部科学省から、各都道府県・指定都市教育委員会に対して、別途、周知依頼が発出される予定です。

　本通知は、消防組織法（昭和22年法律第226号）第37条の規定に基づく助言として発出するものであることを申し添えます。

記

1 　各学校における防災教育について、都道府県又は市区町村の消防団・自主防災組織担当課は、それぞれの都道府県教育委員会又は市区町村教育委員会の学校安全担当課と連携して、各学校において消防団・自主防災組織等が参画した防災教育の実施体制（**別添１**）を構築していただきますようお願いします。

2 　その上で、都道府県又は市区町村の消防団・自主防災組織担当課は、教育委員会や学校と連携をとりながら、令和４年度から、小学校、中学校、高等学校及び特別支援学校の安全教育に関わる授業等において、消防団員等による講演や体験学習、防災訓練等の防災教育を実施できるよう、今年度から準備を進めていただきますようお願いします。
　　参考として、既に実施している事例（**別添２**）を添付します。
　　なお、既に消防団や自主防災組織と、学校との間で直接的な協力関係が構築されている場合は、その関係を活用して実施していただくことも考えられます。協力関係が構築されていない場合は、消防団や自主防災組織と、学校が具体的な授業内容等の調整を円滑に行うことができるよう、市区町村の消防団・自主防災組織担当課は、消防団や自主防災組織への支援をお願いします。

3 　各学校における防災対策について、学校が作成する危険等発生時対処要領（危機管理マニュアル）の見直しにあたって、地域の災害特性に関して専門的な知識を有している消防団や自主防災組織は、想定される災害に応じた、より安全な避難場所や避難経路に関して、必要に応じて助言していただきますようお願いします。

4 　令和４年度の概算要求において、「消防団の力向上モデル事業」（**別添３**）として所要額を要求しており、本事業では防災教育も対象とする予定です。

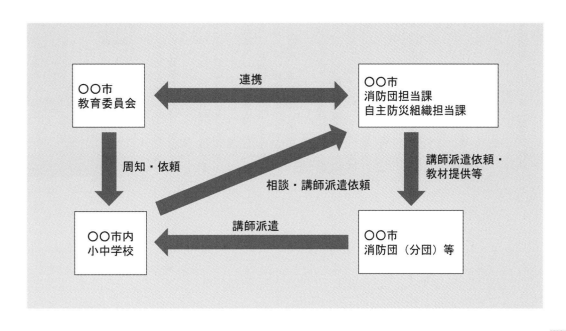

実施体制例（公立小中学校の例） 　別添１

参　考　事　例

防災教育に係る取組事例②

地方公共団体名	茨城県常総市	担当課	防災危機管理課
連絡先			
受講対象者	小中学生		
防災教育を行っている方	消防団員、自主防災組織員、防災士		
防災教育の概要	消防団員等によるマイ・タイムラインの作成など		

平成28年9月1日に市の校長会が中心となり、小中学校一斉防災学習を実施。市内には、公立の小中学校が19校あり、クロスロードゲームや避難所開設運営を疑似体験する学校や、幼稚園や保育所などと連携し避難所等への避難訓練を実施する学校もあるなど、各校が特色を活かしながら学習を実施。
なかでも、洪水への備えと自らの行動を考える「マイ・タイムライン」の作成については、鬼怒川・小貝川下流域大規模浸水に関する減災対策協議会の具体的な施策のひとつとして、全国に先駆けて取組みを開始。
今日までに延べ1万人を超える児童生徒がマイ・タイムラインを作成。消防団員や防災士など地域の方々が主体となって、学習を実施できる体制を構築し、これによって、普段から地域の方々との交流の場にもなるなど「顔の見える関係」を築く一因になっている。

その他参考情報	
内閣府	広報誌ぼうさい冬号（第100号）令和2年度に掲載

防災教育に係る取組事例①

地方公共団体名	島根県松江市	担当課	消防本部消防総務課　消防団室
連絡先			
受講対象者	小学生		
防災教育を行っている方	消防団員		
防災教育の概要	消防団による出前授業		

1. 目的
地域防災力の要である消防団員が、小学校を訪問し消防団の役割（目的）や意義（重要性）、防火・防災の重要性を自らの体験談を踏まえ説明することにより、児童に災害をより身近に実感してもらい、幼少期からの防火・防災思想の啓発を図ることを目的とするもの。また、消防団の認知度向上を図り、将来的な団員の確保に繋げるもの。

2. 効果
消防団員においては、消防団の存在意義について再認識する場となり、何より、団員自身のやりがいを感じることができる。また、児童の中には、家族が消防団員であある家庭も少なくないことから、消防団の必要性を理解する必要性を同時に、家族への誇りを感じるきっかけになることが期待できる。

3. 内容
消防団の役割や組織のことなどに関する座学での説明や、車両・資機材の見学、質問への対応等を行う。

4. 実績
今年度から消防団事業として本格的に始まったものであり、今年度は11月以降6校で実施を予定しているが、昨年度先行して1校実施し好評を得ている。

防災教育に係る取組事例④

地方公共団体名	愛媛県松山市	担当課	防災・危機管理課
連絡先			
受講対象者	小中学生		
防災教育を行っている方	自主防災組織員（松山防災リーダー、防災エデュケーター）		
防災教育の概要	自主防災組織員（防災エデュケーター）による防災教育		

松山市では、令和元年度に産官学民が参画する「松山市防災教育推進協議会」と、愛媛大学内に「松山防災リーダー育成センター」を設立し、小学生から高齢者まで切れ目なく防災教育を展開している。

その取り組みの一つとして、小学校や児童クラブで、自主防災組織の方々に「防災エデュケーター」として活躍いただいている。

「防災エデュケーター」は、全世代型防災教育の中で松山防災リーダー育成センターが独自に認定している資格で、登録者は指導者としての活躍が期待されている。

例えば、小学校で行っている「防災まち歩き」では、「防災エデュケーター」に地域の地形の特徴や、ハザードマップだけでは見えにくい危険箇所などを教えてもらう。

また、夏休みの児童クラブで行っている「防災出前教室」では、長く住んでいる地域の人だから知っている過去の災害や、そこから得られた教訓などを「防災エデュケーター」から学んでいる。

防災講座　　まち歩き

防災教育に係る取組事例③

地方公共団体名	岐阜県安八郡安八町	担当課	総務課
連絡先			
受講対象者	小学生		
防災教育を行っている方	消防団員、防災士会、国土交通省		
防災教育の概要	総合的な学習の時間での地域防災学習		

1 安八町立結小学校6年生児童が、総合的な学習の時間で、地域の防災について、以下の内容で学んでいる。
・地域の水防災、防災倉庫の中身について知る。
・水防に関わる体験をする。（土嚢作り、テントや簡易トイレの組立など）
・安八町の9.12水害について知る。
・ハザードマップについて学び、マイタイムラインをつくる。
※防災士会と国土交通省木曽川上流河川事務所の協力を得て活動している。
※ハートピア安八の豪雨災害展に行き講座を聞いて学んだ。

2 一昨年度までは、秋にPTAの親子防災教室を実施し、消防団の方にも協力していただいていた。昨年度は中止。今年度は、学年ごとに1月に実施予定。水消火器体験や、セーフティタワーの見学、パーテーション・簡易トイレの組立体験などを防災士会などの協力を得て行う計画である。

土嚢作り

防災倉庫見学

【令和４年度新規事業】消防団の力向上モデル事業の概要　別添3

○ 社会環境の変化に対応した消防団運営等の普及・促進に向け、様々な分野の事業を支援し、地方公共団体の創意工夫に満ちた取組を促す。
○ 各取組をモデル事業として、全国へ横展開を図る。　全額国費

消防団の力向上モデル事業

＜モデル事業の例＞

○ 防災教育の実施

消防団員による授業

資機材見学

放水体験

心肺蘇生法講習

○ 災害現場で役立つ訓練の普及

資機材取扱訓練

山火事想定訓練

○ 企業・大学等と連携した消防団加入促進

プロスポーツチームと連携した加入促進

大学祭での加入促進

○ 子供連れでも活動できる消防団の環境づくり

子供連れ巡回活動

子供連れでの広報活動

「消防団の力向上モデル事業」募集要綱

1 趣旨

社会環境の変化に対応した消防団運営を普及・促進する方策を検討するため、国費によるモデル事業を実施する。

なお、本事業による取組については、消防庁のホームページに掲載するなど全国に横展開を図ることとする。

2 応募団体

地方公共団体（都道府県及び市町村（特別区並びに一部事務組合及び広域連合を含む。）を指す。以下同じ。）

3 事業の概要

社会環境の変化に対応した消防団運営の普及・促進を目的として行う取組に係る提案を全国の地方公共団体から募集し、消防庁においてその提案の内容を審査の上、採択する。採択された事業は、消防庁から提案のあった地方公共団体への委託事業として実施し、その費用は全額（委託上限額までに限る。）消防庁の負担とする。

⑴ 募集する事業内容

事業内容は、別紙1「消防団の力向上モデル事業採択一覧」〔資料集03参照〕を参考に、地域の実情を踏まえた、効果的な内容とすること。

⑵ 委託上限額等

事業1件当たりの委託額は、原則として、上限額を500万円とする（下限額は設けない。）。ただし、事業の採択数、予算状況等により変更することがある。その際、必要に応じて、応募団体が独自の財源により事業費を上乗せすることは妨げない。

なお、契約上の委託経費の額は、必ずしも提案書に記載した希望額と一致するものではなく、また、事業の実施に係る経費は、事業実施後に納入された報告書を検査した後、精算払いとする。

⑶ 委託対象となる経費

委託対象経費の範囲は、別紙2に掲げる項目に限る。

なお、応募団体の職員や消防団員の人件費、施設整備費、営利のみを目的とした取組に係る経費、委託期間の間に実施されない取組に係る経費、国等により別途、補助金、委託費等が支給されている取組に係る経費は対象とならない。

⑷ 委託対象となる事業の実施期間

本事業で実施する取組は、委託契約を締結した日から委託契約を締結した日が属する年度の2月末日までの期間とする。

⑸ 実施体制

提案に基づく事業の受託者は、委託契約の全部又は事業内容の決定、事業運営方針の決定、進行管理等、本事業の根幹に係る業務を一括して委託し、又は請け負わせてはならないこととする。

ただし、委託し、又は請け負わせることが合理的と認められる業務については事業の一部を委託し、又は請け負わせることができる。その場合、以下に該当する場合を除い

て、受託者は、指定様式により作成した再委託承認申請書を消防庁に提出し、あらかじめその承認を得なければならない。

① 再委託の金額が50万円（契約上の委託額が100万円未満の場合は、当該委託額の２分の１の額）を超えない場合

② 本事業の「（様式２）概算見積額」において、あらかじめ再委託先が明示されている場合

なお、消防庁の承認に際しては、再委託を行う合理的理由、再委託の相手方が、再委託される業務を履行する能力、その他必要と認められる事項について審査する。

(6) 選定方法、選定基準

選定は、次に掲げる選定基準を総合的に勘案し、消防庁において行う。

① 先進性

・社会環境の変化に対応した消防団運営の普及・促進に資する先進的な取組であるか。

・他の地域でも実施することが可能な手法で実施され、同様の事業効果が見込まれるような事業であるか。

② 継続性・発展性

・社会環境の変化に対応した消防団運営の普及・促進に継続的に取り組むための中長期的な計画を有しているか。

・事業で抽出した課題を検証し、取組の改善・発展につなげることができるか。

③ 事業の効果

・社会環境の変化に対応した消防団運営の普及・促進にどのように寄与するか。定量的な指標は適切に設定されているか。指標達成の見込みはあるか。

・委託経費の積算は適切であり、費用対効果が高い取組であるか。

(7) 提案内容の確認・修正

採択は提出された提案書に基づいて行うが、必要に応じて追加資料の提出等を依頼し、ヒアリングを実施することがある。

また、採択後、必要に応じて委託契約の締結時までに消防庁と当該委託先である団体との間で調整の上、提案内容について修正等を行うことがある。

(8) 注意事項

・同一都道府県内で複数の団体が事業を提案する場合（同一団体が複数の事業を提案する場合を含む。）にあっては、都道府県において、優先順位を付すこと。

・「(3)委託対象となる経費」については、具体的な発注先、内容等を当庁と協議すること。

・委託契約締結後、事業内容に変更が生じた場合は、速やかに当庁と協議すること。

4 提出書類

応募に際しては、次の様式に具体的かつ簡潔・明瞭に記入の上、提出すること。

(1) 様式１（Word形式）：提案書

(2) 様式２（Excel形式）：概算見積額

(3) 様式３（Excel形式）：事業実施計画工程表

(4) 様式４（PowerPoint形式）：事業概要図

(5) 補足資料（様式自由）：提案を補足する資料があれば、適宜添付のこと。

5　応募方法

消防庁が別に定める応募期間中に４．提出書類に掲げる書類を提出すること。

また、書類については各都道府県でとりまとめの上、各都道府県が提出すること。

6　実績報告

⑴　実績報告の提出物（全て電子データで提出すること。）

①　成果報告書及び実績報告書※１

②　「消防団の力向上モデル事業」事業紹介（様式５）

③　事業実施状況等を撮影した画像データ※２及び作業上作成した資料

※１　①成果報告書及び実績報告書は委託契約に係る契約書において指定する様式を使用すること。

※２　画像のデータは、資料のデータとは別に画像データ（JPEG形式又PNG形式とする。）としても送付すること。

⑵　提出期限

委託事業完了の日から起算して７日以内又は委託契約を締結した日が属する年度の３月７日までのいずれか早い日とする。

　　　附　則

この要綱は、令和５年１月16日から施行する。

別紙１・２、様式１〜５　〔略〕

03 令和5年度　消防団の力向上モデル事業採択一覧

番号	団 体 名		事 業 名	事 業 概 要
1	北海道	札幌市	学生が主役の消防団若返り活性化推進プロジェクト	・組織の若返りと活性化を推進し、学生消防団員の活躍の場を増やすとともに、学生目線でのアイデアをグループワークにより引き出すため消防団幹部との交流会を実施する。 ・令和4年度のデジタルとリアルを融合した入団促進事業は継続しつつ、学生消防活動認証制度PRキャラクター（令和4年度制作）を用いて入団促進広報を実施する。
2	青森県	弘前市	子ども用防火服等を活用したイメージアップ事業	・団員の意識向上、参加者の理解促進を深めるため、大型ショッピング施設で消防団活動体験や車両乗車体験、纏・梯子・ラッパを使った演技を披露するイベントを実施する。
3	岩手県		消防団員確保対策事業	・若者をはじめ幅広い世代の県民を対象としたSNSやマスメディアを活用した全県的な広報活動を展開する。
4	岩手県	雫石町	消防団戦力状況把握及び消防団事務改善事業	・消防団員管理システムを導入し、現有戦力調査を行う。
5	岩手県	盛岡市	盛岡市消防団女性消防団員甲種制服の更新	・団員の士気高揚を目的に、女性消防隊（女性消防団）発足30年の節目に制服の更新を行う。
6	宮城県	仙台市	消防団加入促進イベントの実施	・消防団員等による入団促進等に関する広報イベントを実施する。
7	秋田県	五城目町	消防団の災害時連携強化事業	・災害現場での指揮命令を円滑に実施するために、先発出動隊が着用する防火衣（他団員と差別化できるもの）を購入する。
8	山形県		若手や女性消防団員の情報発信及び消防分野ドローン活用講習会事業	・若手団員や女性団員の活躍をHPやパンフレットで情報発信する。 ・地元就職率の高い高校を訪問し、出前講座を実施することで消防団に対する理解促進を図る。 ・ドローン講習会を実施（アドバイザーによる講演、座学、実機操作体験）する。
9	山形県	飯豊町	大規模災害対応指揮運用・遠距離中継送水訓練事業	・消防ポンプ業者と連携し、座学及び実技講習を実施することで知識・技術の向上を図る。 ・積み上げた知識や技術を活かすため、大規模災害想定訓練を実施する。
10	山形県	朝日町	朝日町消防防災フェスティバル	・消防団の魅力発信に関する消防防災イベントを実施する。
11	福島県	南相馬市	消防団DXの推進事業（情報共有アプリの導入）	・消防団事務の効率化及び消防団情報連絡体制の一元化を図ることを目的に消防団向けアプリを導入する。

番号	団体名		事業名	事業概要
12	福島県		災害現場におけるドローン活用能力向上事業	・災害現場等でドローンを有効活用できる操作技術の習得及びドローンの普及促進を目的にドローン操作講習会を実施する。
13	福島県	相馬市	消防団災害対応力向上事業	・消防団員の安全確保を図るため、防火衣を購入し、説明会及び訓練を実施する。
14	茨城県	北茨城市	消防団を中核とした大規模災害訓練	・夜間に使用する資機材の知識・技術の習得を目的に、夜間を想定した震災想定訓練（倒壊家屋検索等）を実施する。 ・救命率の向上を目的に、女性消防団による救命講習を実施する。
15	栃木県	市貝町	消防団情報収集能力向上事業	・情報収集能力の向上を図り、将来的に情報収集部隊の創設を目指すため、ドローンを整備し林野火災想定訓練を実施する。
16	栃木県		プロスポーツチーム等と連携した消防団員確保対策事業	・女性や若者の消防団活動への理解促進及び入団促進を図ることを目的に、県内で知名度が高いプロスポーツチーム等と連携したPR活動や動画放映を行う。
17	群馬県	安中市	消防団のイメージアップ事業	・活動時の団員の安全性の向上を図ることを目的に活動服及びヘルメットを購入する。
18	埼玉県		埼玉県消防団加入促進PR事業	・消防団の魅力、やりがいなどを紹介する動画の制作をする。
19	埼玉県	寄居町	消防団員の負担軽減を目指したDX化事業	・消防団員の事務負担軽減や活動の透明性を高めるため、出動指令及び勤怠管理アプリを導入する。
20	埼玉県	さいたま市	消防団加入促進事業	・活動の認知度向上及び加入促進を目的に、多くの人の来場が見込めるイベントで広報活動を実施する。
21	千葉県	成田市	消防団応援及び加入促進事業	・「消防団員応援の店」登録企業が、団員に対して行うサービスを広めることで、団員の士気高揚及び加入促進を図る。
22	千葉県	浦安市	SNSを有効活用した消防団員加入促進戦略事業	・加入促進を図ることを目的に、デジタル広告プロモーション活動（SNSコンサルティングの活用等）を実施する。
23	千葉県	印西市	消防団活動支援システム導入	・団員の事務負担軽減及び災害情報の円滑な伝達を目的に、活動支援アプリを導入する。
24	千葉県		消防団参画促進事業（大学が多い地域へのアプローチ）	・県内大学生等を対象に、消防防災研修会・交流会や千葉県消防学校における１日入団・入校体験を実施する。

番号	団体名		事業名	事業概要
25	神奈川県	寒川町	消防の広域化を踏まえた消防団の体制確立事業	・火災現場で必要な消火、避難誘導に係る知識・技術の習得を目的に、団員の高齢化を考慮した消防訓練を実施する。 ・団員の事務負担軽減及び円滑な出動指令を目的に、専用アプリを導入する。 ・消防団を身近に感じてもらうため、将来の担い手である子どもを対象とした防火教育型競技を実施する。
26	神奈川県	大井町	消防団のデジタル化事業	・事務負担の軽減、活動の透明性を高め、消防団の充実強化と団員確保につなげるため専用アプリを導入する。
27	神奈川県	松田町	消防団のガバナンス強化事業	・団員の事務負担の軽減、円滑な招集及び情報管理体制を構築し、消防団の充実、ガバナンス強化を目的に消防団専用アプリを導入する。
28	新潟県		消防団加入促進事業	・消防団PR動画及び活性化に係る取り組みの事例集を作成し、情報発信することで消防団に対する理解促進を図る。
29	新潟県	上越市	資機材取扱訓練	・多種多様な災害に対応するため、資機材（チェーンソー）取り扱い訓練を実施する。
30	富山県		ケーブルテレビとタイアップした消防団応援育成事業	・地域社会や団員家族の消防団活動への理解を促進することを目的に、ケーブルテレビを活用して活動や操法大会を配信する。
31	富山県	富山市	ラッピング路面電車による消防団員募集	・広く消防団の募集を呼びかけるため、路面電車に団員募集のラッピングを施す。
32	福井県	敦賀美方消防組合	消防団活動普及事業	・実効性の高い広報を展開するため、紹介動画やチラシを作成し、各種イベントやSNSを活用し発信する。
33	福井県	鯖江・丹生消防組合	子ども用防火服を活用した消防団加入促進事業	・イメージアップと入団促進を目的に、子供用防火服を制作し大型商業施設でイベントを実施する。
34	福井県	嶺北消防組合	嶺北消防組合ポンプ車錬成会	・消火技術の向上を図るため、ポンプ車錬成会を実施する。
35	長野県	青木村	消防団事務デジタル化事業	・団員の負担軽減（災害発生報の受信、現場の特定、出動管理等）とペーパーレス化を推進するため、専用のアプリを導入する。
36	長野県	塩尻市	消防団火災対応能力の向上事業	・安全性の確保を図るため、新たな装備品（防火衣・ノズル）を購入し、新装備を使用した訓練を実施する。
37	長野県	松本市	時代に即した持続可能な消防団への改革	・団員の負担軽減等を目的とした改革パッケージであるアプリの導入を実施する。

番号	団体名		事業名	事業概要
38	長野県		学生の消防団理解促進・入団促進事業	・理解促進と入団促進を図るため、学生を対象とした「1日消防団体験」を実施する。 ・入団促進を目的に、学生消防団員が出演する動画を作成し広報媒体を通じて広く周知する。
39	岐阜県		若年層を対象とした消防団活動PR事業	・消防団への入団を促進するため、大学やファストフード店のトイレチラシを利用した広報を展開する。 ・活動を体験してもらい入団につなげることを目的に、期間限定で消防団活動を体験できる「消防団お試し入団」を実施する。
40	静岡県	三島市	消防団運営・災害対応DX化事業	・災害対応力の向上を図ることを目的に、消防団活動支援アプリケーション（出動指令、各種災害情報が受信できる）を導入する。 ・負担軽減、事務の効率化を図ることを目的に、消防団活動支援アプリケーション（出動報告、会議資料等をデジタル化できる）を導入する。
41	静岡県	焼津市	消防団のアプリを有効活用した現場活動	・スマートフォン、タブレット、ドローン等を配備し災害時の車両確認や災害現場の情報を本部へ共有するDX推進事業を実施する。
42	静岡県	浜松市	デジタルマーケティングの手法を活用した女性・学生入団促進事業～phase 4：Withコロナ～	・学生消防団員へのヒヤリングやWebアンケートを活用した企業と連携した女性・学生入団広報を実施する。
43	愛知県		広域的かつ集中的な消防団加入促進事業	・あいち消防団の日（1月20日）に県内全域で消防団加入促進イベント及び各種広報を実施する。
44	愛知県	美浜町	消防団員の負担軽減及び消防団の充実強化を目指したDX化事業	・団員の負担軽減及び消防団の充実強化を図るため、専用アプリを導入する。
45	愛知県	幸田町	消防団員の知識技術向上及び継承事業	・団員の育成と継承用教材として、ポンプ車操法のHowto動画を制作する。
46	愛知県	豊橋市	持続可能な消防団組織を見据えた地域防災力向上事業	・常備消防との連携強化を図ることを目的に、合同訓練を実施する。また、年間を通じて訓練を実施するため、団員の機能性及び視認性を重視した防寒衣を購入する。
47	三重県	鈴鹿市	学生消防団発足に向けた消防団員加入促進事業	・学生消防団発足に向けた市内の大学と連携した1日消防団員体験を実施する。 ・成人式や消防出初式を活用した学生への消防団加入促進広報を実施する。
48	三重県		広報ツールを活用した、消防団活動普及啓発事業	・消防団活動の普及啓発を目的に、県内全域で消防団広報活動を実施する。

番号	団体名		事業名	事業概要
49	滋賀県	高島市	消防団管理システム導入事業	・事務負担の軽減、活動の透明性を高め、消防団の充実強化と団員確保につなげるため専用アプリを導入する。
50	滋賀県	野洲市	消防団の震災対応資機材整備と自主防災組織等への震災対応訓練指導の実施	・震災対応能力の向上と地域との連携強化を図ることを目的に、新しく整備する資機材を使用し地域住民に対して訓練指導を実施する。
51	滋賀県	守山市	河川氾濫に伴う浸水被害を想定した水難救助訓練の実施	・水難救助技術・知識の向上を図るため、資機材を整備し3者（消防団、消防署、市）連携の訓練を実施する。
52	滋賀県	彦根市	大学と連携した消防団員加入促進事業	・学生団員の活動充実及び学生の加入促進を図るため、大学と連携した入団促進広報を実施する。
53	京都府	向日市	消防団のガバナンス強化事業	・事務負担の軽減、活動の透明性を高め、消防団の充実強化と団員確保につなげるため専用アプリを導入する。
54	京都府	京都市	夜間等の視認性が低下する場面における安全教育の実施	・夜間等での団活動の安全性を高めるため、安全教育教材を製作する。
55	京都府		大学生消防防災サークル支援事業（京都学生FAST）	・将来の消防団員等の育成につなげるため、「サークル」活動を通して消防防災に触れる機会を創出する。
56	大阪府	八尾市	夜間帯における大規模災害対応資機材取扱訓練	・夜間帯の活動環境を整えることを目的に、資機材（投光器等）を購入及び取扱訓練を実施する。
57	大阪府		女性消防団員認知度向上・入団促進事業	・女性消防団員の認知度向上と入団促進を目的に、女性目線の研修会（女性消防団員研修会）を実施する。
58	兵庫県	川西市	デジタル化による地域防災力の向上	・災害の見える化を図り、事務負担の軽減、活動の透明性を高め、消防団の充実強化と団員確保につなげるため専用アプリを導入する。
59	兵庫県	神戸市	XR（仮想空間技術の総称）で楽しむ消防団の魅力と活動	・認知度向上と魅力を発信するため、楽しさをプラスした動画を制作し広報活動を実施する。
60	奈良県	十津川村	消防団員による、地域防火・防災普及啓発活動	・避難行動要支援者宅の安全性を高め、顔の見える関係を構築するため、お宅を訪問し、住宅の安全点検及び必要な措置を講じる。
61	奈良県	平群町	地域防災力向上事業	・共助力の向上を目的に、避難訓練や実動訓練、避難行動要支援者宅の安全点検及び必要な支援を実施する。

番号	団体名		事業名	事業概要
62	奈良県	奈良市	自主防災防犯組織と消防団の連携強化に向けて	・市内で統一された避難所開設・運営を目指すため、教材テキスト及び動画を制作する。
63	奈良県	葛城市	消防団の水防力強化事業	・地域との連携強化及び水防力の強化を図るため、地域住民が参加する水防訓練を実施する。
64	奈良県	斑鳩町	児童防災リーダー夏休み学習会事業	・将来の担い手確保のため、小学生に対して団員が体験会を実施する。
65	奈良県	吉野町	消防団のデジタル化事業	・消防団の充実化及び負担軽減とDX化を目的に消防団活動支援システムを導入する。
66	奈良県	御所市	消防団DX化事業	・消防団の充実化及び負担軽減とDX化を目的に消防団活動支援システムを導入する。
67	和歌山県	和歌山市	消防団活性化事業	・災害対応能力の向上と機能向上を図るため、新しい資機材・装備を整備し訓練を実施する。
68	鳥取県		消防団の魅力発信・加入促進事業	・消防団の魅力をPRするリーフレットの作成・活用により、消防団のイメージアップを図る。 ・大学等と連携し、学生と消防団員との交流の機会を創出する。 ・防災サークルが行う防災研修や防災ゲーム等の支援を行う。 ・県内外の防災サークルが交流・連携できるよう機会を創出する。
69	鳥取県	日野町	消防団デジタル化事業	・消防団体制の維持・向上及びDX化を目的に、消防活動支援システムを導入する。
70	島根県	松江市	小学生向け消防団副読本の制作・配布及び副読本を活用した出前授業の実施	・広く防火防災思想の普及及び未来の消防団員の確保に資するため、実施回数に限りがある出前講座の代わりに、コンテンツ（児童向け消防団副読本）を制作する。
71	島根県	安来市	災害支援団員育成事業	・災害現場での迅速有効な活動を支援するため、ドローン操作講習会を実施する。
72	岡山県	西粟倉村	消防団のガバナンス強化事業	・事務負担の軽減、活動の透明性を高め、消防団の充実強化と団員確保につなげるため専用アプリを導入する。
73	岡山県	美作市	災害対応資機材取扱訓練	・技術・知識の向上を図ることを目的に、排水ポンプ及び救助用資機材の取扱訓練（講師：消防本部職員）を実施する。 ・技術・知識の向上を図ることを目的に、無人航空機（ドローン）取扱訓練（講師：委託業者）を実施する。

番号	団 体 名		事 業 名	事 業 概 要
74	岡山県		消防団員確保・拡充事業	・入団促進及び活動理解を目的に、ファジアーノ岡山及び岡山シーガールズのホームゲームで消防団PRブースを設置する。 ・団員及びファジアーノ岡山の選手が出演する消防団PR動画を制作し、ホームゲームやイオンモールで放映する。 ・消防団及びプロチームのマスコットキャラクターがコラボしたグッズを作製しPRブースで配布する。
75	広島県	東広島市	消防団アプリの導入	・消防団活動全般のデジタル化を推進するため、専用アプリを導入する。
76	広島県	広島市	学生による消防団活動の支援及び体験事業	・サポーターの地域コミュニティとの交流機会の創出、地域コミュニティの活性化を図るため、災害時も平時も消防団の後方支援を行う消防団サポーター（18歳以上の在勤又は在住の学生）の活動を支援する。
77	広島県	江田島市	消防団災害対応能力向上事業	・常備消防との連携強化及び救助能力向上を図ることを目的に、合同訓練を実施する。また、各分団の装備品を平準化させるため救助用活動資機材を購入する。
78	広島県	三原市	消防団の組織力向上を目的とした実践的かつ効率的な点検（訓練）の実施事業	・小型動力ポンプに対する知識及び技術の向上を図るため、常備消防と連携して実施する。
79	広島県		Web広告、SNS等を活用したPR動画による広報事業	・消防団の認知度向上、イメージアップ、入団促進を目的に消防団のPR動画を製作し、広報を実施する。
80	山口県	山口市	消防団活動及び事務のDX	・消防団の負担軽減とDX化を目的に消防団専用アプリを導入する。
81	徳島県	美馬市	消防団災害対応力向上デジタル化事業	・消防団の負担軽減とDX化を目的に消防団業務全般を支援するアプリを導入する。
82	徳島県	美馬西部消防組合	消防団デジタル化事業	・消防団業務のDX化や事務効率化、ペーパーレス化を目的に消防団業務全般を支援するアプリを導入する。
83	徳島県		プロスポーツチームと連携した消防団加入促進事業 〜消防団×地域プロスポーツ〜	・女性や若者の消防団活動への理解促進及び入団促進を図ることを目的に、県内の地域密着型プロスポーツチームと連携したPR活動や動画放映を行う。
84	香川県		防災イベントにおける消防団活動の啓発、加入促進事業	・消防団員の加入促進、認知度向上、イメージアップを目的に、県ゆかりの人を招いて防災イベントを実施する。

番号	団体名		事業名	事業概要
85	香川県	高松市	風水害に対応した資機材取扱訓練	・災害対応能力の向上と機能向上を図るため、新しい資機材・装備を整備し訓練を実施する。
86	愛媛県	宇和島市	災害・火災現場等におけるドローン活用能力向上事業	・発災時、迅速に人命救助活動が行えるよう、高耐久・高機能ドローンの配備と操作講習を実施する。
87	愛媛県	新居浜市	未来の消防団加入促進及び消防団災害対応能力向上事業	・将来の担い手確保と団活動への理解を深めるため、高校生を対象とした防災教育・訓練指導を行う。
88	高知県		高知県消防ポータルサイト構築等事業	・情報へのアクセスが改善し、認知度の向上及び魅力発信力の向上を目的に、高知県消防ポータルサイト（仮称）を構築する。
89	福岡県	大牟田市	災害に係る情報収集能力向上事業	・災害時における情報収集能力の向上を図るため、ドローンの購入及び資格の取得支援を実施する。
90	福岡県	久留米市	消防団管理システム導入	・消防団の管理事務をDX化するため、システムを構築する。
91	福岡県	苅田町	消防団加入促進事業	・入団促進を図るため、加入促進PR動画を作製する。
92	福岡県	飯塚市	デジタル化による消防団事務等改善事業	・消防団事務の煩雑化及びペーパーレス化及びDX化を推進するため、アプリを導入する。
93	福岡県		消防団加入促進事業	・学生に興味を持ってもらうことを目的に、消防団活動を体験できる「学生消防防災サークル支援事業」を実施する。 ・消防団へ入団、消防団活動時の理解促進を目的に、事業者対して、「協力事業所制度」「入札加点制度」「県知事表彰」を実施する。
94	佐賀県		佐賀県消防団応援キャンペーン 「佐賀を守るみんなのヒーロー消防団」消防団PR事業	・活動に対する理解促進やイメージアップを図り加入促進に資することを目的に、テレビや新聞を活用して広報活動を実施する。
95	長崎県	諫早市	出動スピードアップ作戦	・各分団で異なる仕様の車両・資機材を使用しているため、合同訓練を実施することで相互理解を図る。また、車両表示の統一化を図る。
96	長崎県		若年層・女性向け勧誘対策促進事業	・若年層・女性の入団促進を図るため、団員等が出演する動画及びパンフレットを制作する。
97	熊本県	熊本市	消防団加入促進事業	・消防団への入団促進を図るため、消防団PR動画を作成する。

番号	団 体 名		事 業 名	事 業 概 要
98	熊本県	水俣市	防災啓発活動及び消防団との連携訓練による地域防災力の向上	・団員募集を行うため、市民が多く集まるイベント等でPRブースを設ける。 ・団員の知識・技術の向上を図ることを目的に、火災防御訓練を実施する。
99	熊本県	多良木町	赤バイを活用した孤立集落情報通信確保等事業	・山間部に位置する消防団の活動能力の向上を図るため、赤バイ隊を編成し、通信及び操作訓練を実施する。
100	熊本県		消防団員による消防団活動及び団員募集に係るPRの動画コンテスト、消防団災害対応力強化事業	・消防団による消防団活動及び団員募集に係るPR動画のコンテストを実施する。 ・消防団員の災害対応能力強化のため、ドローン操縦講習を実施する。 ・熊本県女性消防団活性化セミナーを実施する。
101	大分県		消防団員確保プロモーション事業	・若年層の入団促進を図るため、SNSを活用した動画広告によるPRを実施する。
102	宮崎県	川南町	消防団魅力発信事業	・魅力発信を目的に、PR動画を制作し広報する。
103	鹿児島県	鹿児島市	鹿児島市 消防団地域防災中核化推進事業	・将来の地域防災の担い手を育成し、地域防災力の強化を図るため、学生機能別団員の活動内容の充実及び加入促進を図る。 ・女性消防団員の活躍を推進するため、研修や訓練、新規入団員に被服及び団員証を配布する。
104	沖縄県	那覇市	消防団の災害対応力向上事業	・災害対応能力の向上と活動環境の充実を図るため、必要な資機材を整備し訓練を行う。

※「消防団の力向上モデル事業」事業紹介等は以下のURLに掲載されています。
https://www.fdma.go.jp/relocation/syobodan/torikumi-jirei/

04 自主防災組織等活性化推進事業　募集要綱

1　趣旨

　近年、災害が多発化、激甚化している中、地域の安全・安心を十分に確保していくためには、常備消防や消防団のみならず、自主防災組織、女性防火クラブ及び少年消防クラブ（以下「自主防災組織等」という。）の活性化が不可欠となっている。また、自主防災組織等の活性化は、幼少期から若年層に防災意識が醸成され、未来の消防団の担い手育成に繋がるなど、地域防災力の充実強化のための副次的な効果も期待される。

　そこで、自主防災組織等を活性化するための取組を全国の地方公共団体から募集し、その取組の推進を国費により支援する「自主防災組織等活性化推進事業」を実施する。

　なお、本事業により支援する取組については、総務省消防庁のホームページに掲載するなど全国に横展開を図ることとする。

2　応募団体

　地方公共団体（都道府県及び市町村（特別区並びに一部事務組合及び広域連合を含む。）を指す。以下同じ。）

3　事業の概要

　自主防災組織等の活性化を推進する取組に係る提案を全国の地方公共団体から募集し、総務省消防庁においてその提案の内容を審査の上、採択する。採択された事業は、総務省消防庁から提案のあった地方公共団体への委託事業として実施し、その費用は全額（委託上限額までに限る。）総務省消防庁の負担とする。

⑴　募集する取組の内容

　　①　自主防災組織等の立ち上げ・担い手確保に係る取組

　　　　自主防災組織等の立ち上げ又は自主防災組織等に所属する者の募集に係る取組。

　　②　防災教育・防災啓発に係る取組

　　　　自主防災組織等に所属する者が行う小学校、中学校、高等学校及び特別支援学校に対する防災教育又は自主防災組織等が行う地域住民に対する防災意識の醸成のための防災啓発に係る取組。

　　③　災害対応訓練・計画策定に係る取組

　　　　自主防災組織等が地域住民とともに実施する災害対応訓練又は地方公共団体若しくは自主防災組織等が実施する自主防災組織等が関係する地域の防災計画の策定に係る取組。

　　④　その他自主防災組織等の活性化に資する取組

　　　　①から③までに掲げる取組以外の取組で、自主防災組織等、地方公共団体、市町村の区域内の公共的団体、その他の防災に関する組織が実施する自主防災組織等の活性化に資する取組。

⑵　委託上限額等

　　委託上限額は、「様式1　提案書」の「3　概算見積額」に記載する必要経費概算額の範囲内とし、委託事業実施後に実際に要した経費に対して、委託金の支出による精算を行うものとする。委託事業1件当たりの委託上限額は200万円とする（上限額を超過した分は、団体の財源により経費を負担する。）。

ただし、事業の採択数、予算状況等により委託上限額を変更することがある。

(3) 委託対象となる経費

委託対象経費の範囲は、別紙に掲げる項目に限る。

なお、自主防災組織等、地方公共団体、市町村の区域内の公共的団体、その他の防災に関する組織に係る人件費、施設整備費、営利のみを目的とした取組に係る経費、委託期間に実施されない取組に係る経費、国等による補助金や委託費等が別途支給されている又は支給される予定の取組に係る経費等は対象の範囲外とする。

また、資機材や消耗品等といった物品の購入のみの事業は募集の対象としない。

(4) 委託対象となる事業の実施期間

本事業で実施する取組は、委託契約を締結した日から委託契約を締結した日が属する年度の2月末日までの期間とする。

(5) 実施体制

委託事業を実施する地方公共団体は、委託契約の全部又は事業内容の決定、事業運営方針の決定、進行管理等、本事業の根幹に係る業務を一括して委託し、又は請け負わせてはならないこととする。

ただし、委託し、又は請け負わせることが合理的と認められる業務については事業の一部を委託し、又は請け負わせることができる。その場合、以下に該当する場合を除いて、受託者は、指定様式により作成した再委託承認申請書を総務省消防庁に提出し、あらかじめその承認を得なければならない。

① 委託し、又は請け負わせる金額が50万円（契約上の委託金額が100万円未満の場合は、当該委託額の2分の1の額）を超えない場合

② 本事業の「（様式2）自主防災組織等活性化推進事業　概算見積額」において、予め委託し、又は請け負わせる相手方が明示されている場合

なお、再委託に係る総務省消防庁の承認に際しては、再委託を行う合理的理由、再委託の相手方が、再委託される業務を履行する能力、その他必要と認められる事項について審査する。

(6) 選定方法、選定基準

提案の採択は、次に掲げる選定基準を総合的に勘案し、総務省消防庁において行う。

なお、各団体への知識や手法などの蓄積の観点から、第三者へ委託、又は請け負わせる割合が高い提案については、評価が低くなることがあるので留意されたい。

① 再現性

本事業の目的が、地域防災力の充実強化のために自主防災組織等の活性化の推進であることから、採択する取組が、提案する地方公共団体だけではなく、他の地方公共団体においても同様の取組が実施可能で、かつ、同様の効果が得られる取組であるか。

② 継続性・発展性

取組の内容が一過性のものではなく、将来にわたり継続的に実施することが可能なものであるか。また、委託事業で抽出された課題について、事業を実施した地方公共団体において検証し、取組の改善・発展につなげることができるか。

③ 事業の効果・効率性

地域の防災上の課題に対し、効果的な発想や手法を活用した取組であるか（取組に

対して、定量的な評価指標が設定されているか。）。また、経費の積算が適切であるか。

　④　事業の計画性

　　　取組の実施計画に無理がなく、実現可能なものとなっているか。

⑺　提案内容の確認・修正

　　採択は提出された提案書に基づいて行うが、必要に応じて追加資料の提出等を依頼し、ヒアリングを実施することがある。

　　また、採択後、必要に応じて委託契約の締結時までに総務省消防庁と当該委託先である団体との間で調整の上、提案内容について修正等を行うことがある。

⑻　注意事項

　①　「⑶　委託対象となる経費」については、具体的な発注先、内容等を総務省消防庁と協議すること。

　②　委託契約締結後、事業内容に変更が生じた場合は、速やかに総務省消防庁と協議すること。

４　提出書類

　応募に際しては、次の様式に具体的かつ簡潔・明瞭に記入の上、提出すること。

　①　様式１：提案書

　②　様式２：概算見積額

　③　様式３：事業実施計画工程表

　④　様式４：事業概要図

　⑤　補足資料（様式自由）：提案を補足する資料があれば、適宜添付すること。

５　応募方法

　総務省消防庁が別に定める応募期間中に４．提出書類に掲げる書類を提出すること。

　また、市町村からの提案については各都道府県でとりまとめの上、各都道府県が提出すること。

６　実績報告

⑴　実績報告の提出物（全て電子データで提出すること。）

　①　成果報告書及び実績報告書※1

　②　「自主防災組織等の活性化推進事業」取組紹介（様式５）

　③　事業実施状況等を撮影した画像データ※2及び作業上作成した資料

　※1　①成果報告書及び実績報告書は委託契約に係る契約書において指定する様式を使用すること。

　※2　画像のデータは、資料のデータとは別に画像データ（JPEG形式又はPNG形式とする。）としても送付すること。

⑵　提出期限

　　委託事業完了の日から起算して７日以内又は委託契約を締結した日が属する年度の３月７日までのいずれか早い日とする。

　　　附　　則

この要綱は、令和５年１月16日から施行する。

別紙、様式１～５　〔略〕

05 令和5年度　自主防災組織等活性化推進事業採択一覧

番号	団 体 名		事 業 名	事 業 概 要
1	北海道	室蘭市	地域連携による自主防災組織等活性化推進事業	・自主防災会を中心に町内会・自治会、消防団、民生委員、学校、室蘭市などのステークホルダーと連携し、防災訓練や防災啓発イベント等を実施する。
2	山形県	朝日町	自主防災リーダー育成事業	・地域の組織体制に左右されずに継続した活動を行うことができる自主防災リーダーを育成するため、年間を通した防災講座を開催する。
3	福島県	いわき市	自主防災組織機能強化等研修会	・市の施策の周知や知識習得に加え、組織間の情報共有、連携強化を目的に自主防災組織や女性防火クラブ等の組織の代表者が一同に会する研修会を開催する。
4	群馬県	明和町	自主防災組織強化育成事業	・専門家を講師とした研修会の実施、マイタイムライン講習会、避難行動要支援者対応研修会などを行う。
5	埼玉県	松伏町	避難所開設訓練事業	・自主防災組織や自治会等の地域住民が主体となって避難所開設訓練及び運営訓練を行う。
6	埼玉県	川口市	令和5年度川口市総合防災訓練「住民訓練」	・川口市、各防災関係機関及び自主防災組織をはじめとする地域住民が相互に連携し、総合防災訓練を実施する。
7	埼玉県	越谷市	避難所開設訓練	・自主防災組織及び地域住民、さらには女性消防団員及び学生機能別消防団員が連携し、円滑に避難所の開設・運営ができるよう避難所開設訓練を実施する。
8	埼玉県		減災に向けた自助と共助の推進事業−若い世代向け防災講座−	・自主防災組織等の地域防災の新たな担い手確保につなげるため、地域防災への意識が低いと見込まれる若い世代を対象とする防災講座を実施。
9	東京都	東村山市	令和5年度地域との連携促進に伴う避難所運営研修事業	・自主防災組織員・地域住民を対象とし、「多様な視点からの避難所運営ガイドライン・マニュアル検討会」や避難所運営等に関する研修・ワークショップを実施する。
10	東京都	昭島市	自主防災組織リーダー研修会	・関東大震災100年を契機として、市内の自主防災組織のリーダーを養成することを目的に、震災の教訓等を踏まえたテーマによる講演会を開催する。

番号	団体名		事業名	事業概要
11	新潟県	加茂市	訓練ノウハウの普及による訓練の定着化を狙いとした住民避難訓練及び避難行動要支援者支援訓練	・自主防災組織と消防団の連携による住民避難訓練と避難行動要支援者支援訓練を実施する。 ・自主防災組織の重要性の理解及び立ち上げを促進するため、訓練実施前後に研修会を実施するとともに、自主防災組織を結成していない自治会長等による現地訓練研修を実施する。
12	新潟県	糸魚川市	災害（火災含む）に強いまちづくり事業	・市内の木造住宅密集地区及び中山間地区において、ワークショップ形式を用いて、自主防災組織員を含む地区住民の発意に基づく災害（火災含む）に強いまちづくり計画の策定を行う。 ・自主防災組織、消防団が主体となった災害対応訓練を実施する。
13	新潟県	南魚沼市	自主防災組織中核人材育成事業	・自主防災組織役員や防災士有資格者を対象とした防災講演会を開催する。
14	長野県	喬木村	喬木村地区防災リーダー研修会	・自主防災組織において中心的役割を担う「地区防災リーダー」の防災に関する知識の習得及び防災意識の啓発を図るため、講演会等を行う。
15	愛知県		あいち防災フェスタ及び防災貢献団体表彰事業	・自主防災組織や県民、企業等が一体となって防災に取り組む防災協働社会の連携を推進するため「あいち防災フェスタ」を開催する。 ・「あいち防災フェスタ」内で、県防災対策の充実や防災意識の高揚に積極的に取り組んでいる自主防災組織等の団体を表彰する「防災貢献団体表彰」を実施する。
16	愛知県	豊橋市	防災訓練等　動画配信啓発事業	・現役ユーチューバーを講師とし、自主防災組織員向けに動画編集のノウハウを講習し、防災訓練等の情報発信をしてもらうことで多くの住民への防災啓発を図る。
17	京都府	精華町	災害対応資器材購入委託及び災害対応訓練	・災害に対応した資器材の整備（資器材購入、資器材取扱い説明等）を委託し、実際に、購入資器材を活用した災害対応訓練を実施する。
18	京都府	大山崎町	防災伝道師養成講座（フォローアップ講座）	・自主防災組織員等の講師による「防災伝道師養成講座」及び「防災伝道師フォローアップ講座」を実施し、地域防災活動の活性化に寄与する人材を育成。
19	大阪府		自主防災組織リーダー活動支援事業	・自主防災組織のリーダー等が地域で活動（研修等）を行うにあたり、他団体等の好事例等をまとめた「事例集・動画・活用手引き」を作成し、リーダー人材育成及び地域住民に対する広報・啓発を行う。

番号	団体名	事業名	事業概要
20	兵庫県	少年消防クラブ交流大会・兵庫県大会	・兵庫県内の少年消防クラブ員を集め、リレーや障害物競走や消防職団員、自主防災組織等との交流を行う交流大会を実施することで少年消防クラブ活動の活性化を図る。
21	奈良県 平群町	地域住民連携個別避難計画策定事業	・地域の自主防災組織を中心に地域の民生委員や消防団、福祉関係者、町とが協働で地区防災計画や個別避難計画の策定を行う。
22	奈良県	自主防災組織担い手・防災リーダー育成事業	・県内市町村と連携して、「防災士資格」の取得を目指す研修やフォローアップ研修を展開することで、自主防災組織の担い手を養成する。
23	和歌山県 海南市	経験者の声を地域、学生、支援者が「対話」で紡ぎ、より良い被災者支援を考える取組 ～持続可能なウェルビーイングな地域づくりを目指して～	・紀伊半島大水害や東日本大震災等の過去の大規模災害の被災者や支援者から直接話を聞き、その知見や教訓を本市の地域住民、学生、支援者が「対話」で紡ぎ、新たな連携・協働を創出するための研修会及び訓練を実施する。
24	和歌山県 和歌山市	消防団が指導する自主防災組織ホース延長訓練	・自主防災組織と消防団の連携度を向上させることを目的とし、市内の5地域以上で実施される自主防災訓練において、地元消防団員がホース延長の指導を実施する。
25	鳥取県	鳥取県子どもの地域防災活動体験支援事業	・自主防災組織等と連携して民間団体等が非営利で実施する子ども向け防災啓発イベントの開催支援を実施。 ・県内市町村が行う少年消防クラブの研修や合同訓練等への支援を行う。
26	岡山県 瀬戸内市	住民自治による避難所運営モデル事業	・瀬戸内市内全域において自主防災組織の設置・運営を進めるため、モデル地区を選定し、研修会や避難所運営訓練を実施する。
27	岡山県 津山市	津山市幼年・少年消防防災クラブ支援事業	・常備消防や消防団と連携した災害対応訓練等の取組を通して幼年・少年消防クラブの設立支援や既存クラブの活性化支援を行う。
28	広島県 広島市	地域防災リーダーを対象とした防災フォローアップ研修	・自主防災組織の中心となる地域防災リーダーを対象に、専門的な知識の習得や地域課題や活動する上での悩みなどを話し合う研修会を実施する。
29	広島県 三原市	少年消防クラブ及び自主防災組織の活性化推進事業	・少年消防クラブに主体性を持たせ活性化することを目的とし、先進地視察研修や指導員が主体となった防災教育訓練を行う。 ・自主防災組織が主体となり、少年消防クラブに対して防災教育を実施する。

番号	団 体 名		事 業 名	事 業 概 要
30	徳島県	徳島市	市民防災研修会開催事業	・防災知識の普及啓発による地域防災力の強化を図ることを目的として、自主防災組織員を含む市民を対象とした「市民防災研修会」を開催するもの。
31	愛媛県	新居浜市	みんなで楽しく！ぼうさい駅伝！	・防災に関する知識を習得するため、少年消防クラブ構成員である小学生と、婦人防火クラブ構成員が共同で参加する防災の知識と技術を駆使した防災駅伝を開催。
32	愛媛県	西予市	逃げ遅れゼロ支援事業	・市と自主防災組織が共催で防災訓練を実施する。
33	愛媛県	砥部町	砥部町防災士研修	・自主防災組織・町内防災士の活性化を図るため研修会を開催する。
34	高知県	中土佐町	中土佐町防災テーマパーク事業	・自主防災組織や消防団等と連携し、「中土佐町防災フェスタ」「防災宝探し」等、楽しみながら防災を学んでもらえるイベントを行う。
35	福岡県	八女地区消防組合	八女地区全域大防災訓練	・自主防災組織や女性防火クラブ、少年防火クラブ等が参加し、避難誘導訓練や初期消火訓練等を実施する。
36	長崎県	諫早市	地域防災力向上事業	・浸水想定区域内における隣接した各自治会・自主防災組織が連携し、地域毎に取りまとめた避難計画、地区防災計画を策定する。
37	熊本県	荒尾市	自主防災組織等とスポーツ団体との連携促進事業	・消防団、自主防災組織を中心としつつ、スポーツ団体等の様々な関係者が連携のうえ防災訓練や防災啓発イベントを実施する。 ・地元パフォーマンス団体による「防災啓発PR隊」に避難方法や避難所の運営方法などの動画作成を依頼し、自主防災組織等へ動画の提供を行う。
38	熊本県	水俣市	地域防災力強化及び消防団等との連携訓練	・自主防災組織や消防団等が連携し、防災講話や防災啓発イベントを実施する。
39	鹿児島県		地域防災推進員の活躍による自主防災組織の活性化に向けた事業	・自主防災組織のリーダー人材育成を担う鹿児島県地域防災推進員を対象とし、自主防災組織活動の活性化につながる研修を行う。
40	沖縄県	渡嘉敷村	渡嘉敷村消防団を中核とする自主防災リーダー育成事業	・自主防災組織の結成を目標に、消防団等と連携し、研修・訓練等の実施により自主防災リーダーを育成する。
41	沖縄県	名護市	屋部地区、地域防災力向上事業	・自主防災組織の結成を目標に、防災士資格取得支援や研修・訓練の実施により防災リーダーを育成する。

※「自主防災組織等活性化推進事業」事業紹介等は以下のURLに掲載されています。
https://www.fdma.go.jp/mission/bousai/ikusei/ikusei009.html

06 防災意識向上プロジェクト実施要綱

（目的）

第1条 この要綱は、市町村における災害対応力の強化や地域住民の防災意識の向上を図るため、大規模災害（地震、風水害等）での活動体験及び防災に知見を有するものを語り部として消防庁が委嘱し、全国の市町村（特別区を含む。以下同じ。）に派遣するために必要な事項を定めるものとする。

（任務）

第2条 語り部は、地域住民の防災意識の向上や市町村における災害対応力の強化を図るため、消防庁からの依頼に基づき、市町村が主催する講演会、研修会等（以下「講演会等」という。）に参加し、自身の実体験に関する講演を行う。

（委嘱等の決定等）

第3条 語り部は、次の各号に掲げるもののうち、前条に規定する任務を遂行するための適格性を有するものを消防庁地域防災室長が委嘱する。

⑴ 大規模災害（地震、風水害等）での活動体験を持つ市町村職員、消防職団員、女性防火クラブ員、自主防災組織員のうち、都道府県等から推薦をうけた者

⑵ 委嘱した日の属する年度の前年度に防災まちづくり大賞において総務大臣賞、消防庁長官賞又は日本防火・防災会長賞のいずれかを受賞した団体

2 消防庁地域防災室長は、語り部が次の各号に掲げるもののうちいずれかに該当したときは、当該委嘱を取り消すものとする。

⑴ 前条に規定する業務の執行を怠ったと認められるとき

⑵ 第9条の規定に違反したとき

⑶ 心身の故障のため、業務の遂行に支障があり、又はこれに堪えない場合

⑷ 前3号に規定する場合の外、その任務執行に必要な適格性を欠く場合

（任期）

第4条 語り部の任期は委嘱した日から当該日の属する年度の末日までとする。ただし、再委嘱することを妨げない。

（派遣の対象団体）

第5条 語り部の派遣の対象は、市町村とする。

（依頼）

第6条 語り部の派遣を希望する市町村は、別記様式第1号により必要事項を明らかにして、都道府県を経由して消防庁に依頼するものとする。

（派遣の決定）

第7条 消防庁は、市町村から語り部の派遣の依頼があったときは、当該市町村における要望内容等を勘案し、語り部を派遣するものとする。

2 消防庁は、市町村に派遣する語り部を決定したときは、当該市町村に通知するものとする。

（報告）

第8条 語り部の派遣を受けた市町村は、速やかにその結果を別記様式第2号により消防庁

に報告するものとする。

（守秘義務）

第9条　語り部は業務の遂行上知り得た秘密を漏らしてはならない。語り部を退いた後も同様とする。

（経費）

第10条　語り部の派遣に関する経費は、原則として消防庁が負担するものとする。ただし、語り部の派遣に関する経費以外の経費は、語り部の派遣を受けた市町村が負担するものとする。

（庶務）

第11条　この事業に関する庶務は、消防庁国民保護・防災部地域防災室において処理する。

（その他）

第12条　この要綱に定めるもののほか、この事業に関して必要な事項は別に定める。

　　　　附　　則

　　この要綱は、平成25年9月27日から施行する。

　　　　附　　則

　　この要綱は、平成26年7月29日から施行する。

　　　　附　　則

　　この要綱は、平成27年5月12日から施行する。

　　　　附　　則

　　この要綱は、平成28年6月16日から施行する。

　　　　附　　則

　　この要綱は、平成29年4月18日から施行する。

　　　　附　　則

　　この要綱は、令和5年2月17日から施行する。

別記様式　〔略〕

消防団を中核とした地域防災力の充実強化に関する法律

（平成25年12月13日）
（法　律　第 110 号）

第1章　総則

（目的）

第1条　この法律は、我が国において、近年、東日本大震災という未曽有の大災害をはじめ、地震、局地的な豪雨等による災害が各地で頻発し、住民の生命、身体及び財産の災害からの保護における地域防災力の重要性が増大している一方、少子高齢化の進展、被用者の増加、地方公共団体の区域を越えて通勤等を行う住民の増加等の社会経済情勢の変化により地域における防災活動の担い手を十分に確保することが困難となっていることに鑑み、地域防災力の充実強化に関し、基本理念を定め、並びに国及び地方公共団体の責務等を明らかにするとともに、地域防災力の充実強化に関する計画の策定その他地域防災力の充実強化に関する施策の基本となる事項を定めることにより、住民の積極的な参加の下に、消防団を中核とした地域防災力の充実強化を図り、もって住民の安全の確保に資することを目的とする。

（定義）

第2条　この法律において、「地域防災力」とは、住民一人一人が自ら行う防災活動、自主防災組織（災害対策基本法（昭和36年法律第223号）第2条の2第2号に規定する自主防災組織をいう。以下同じ。）、消防団、水防団その他の地域における多様な主体が行う防災活動並びに地方公共団体、国及びその他の公共機関が行う防災活動の適切な役割分担及び相互の連携協力によって確保される地域における総合的な防災の体制及びその能力をいう。

（基本理念）

第3条　地域防災力の充実強化は、住民、自主防災組織、消防団、水防団、地方公共団体、国等の多様な主体が適切に役割分担をしながら相互に連携協力して取り組むことが重要であるとの基本的認識の下に、地域に密着し、災害が発生した場合に地域で即時に対応することができる消防機関である消防団がその中核的な役割を果たすことを踏まえ、消防団の強化を図るとともに、住民の防災に関する意識を高め、自発的な防災活動への参加を促進すること、自主防災組織等の活動を活性化すること等により、地域における防災体制の強化を図ることを旨として、行われなければならない。

（国及び地方公共団体の責務）

第4条　国及び地方公共団体は、前条の基本理念にのっとり、地域防災力の充実強化を図る責務を有する。

2　国及び地方公共団体は、その施策が、直接的なものであると間接的なものであるとを問わず、地域防災力の充実強化に寄与することとなるよう、意を用いなければならない。

3　国及び地方公共団体は、地域防災力の充実強化に関する施策を効果的に実施するため必要な調査研究、情報の提供その他の措置を講ずるものとする。

（住民の役割）

第5条　住民は、第3条の基本理念にのっとり、できる限り、居住地、勤務地等の地域における防災活動への積極的な参加に努めるものとする。

（関係者相互の連携及び協力）

第6条　住民、自主防災組織、市町村の区域内の公共的団体その他の防災に関する組織、消防団、水防団、地方公共団体、国等は、地域防災力の充実強化に関する施策が円滑に実施されるよう、相互に連携を図りながら協力しなければならない。

第2章　地域防災力の充実強化に関する計画

第7条　市町村は、災害対策基本法第42条第1項に規定する市町村地域防災計画において、当該市町村の地域に係る地域防災力の充実強化に関する事項を定め、その実施に努めるものとする。

2　市町村は、地区防災計画（災害対策基本法第42条第3項に規定する地区防災計画をいう。次項において同じ。）を定めた地区について、地区居住者等（同条第3項に規定する地区居住者等をいう。次項において同じ。）の参加の下、地域防災力を充実強化するための具体的な事業に関する計画を定めるものとする。

3　地区防災計画が定められた地区の地区居住者等は、市町村に対し、当該地区の実情を踏まえて前項に規定する事業に関する計画の内容の決定又は変更をすることを提案することができる。

第3章　基本的施策

第1節　消防団の強化等

（消防団の強化）

第8条　国及び地方公共団体は、全ての市町村に置かれるようになった消防団が将来にわたり地域防災力の中核として欠くことのできない代替性のない存在であることに鑑み、消防団の抜本的な強化を図るため、必要な措置を講ずるものとする。

（消防団への加入の促進）

第9条　国及び地方公共団体は、消防団への積極的な加入が促進されるよう、自らの地域は自ら守るという意識の啓発を図るために必要な措置を講ずるものとする。

（公務員の消防団員との兼職に関する特例）

第10条　一般職の国家公務員又は一般職の地方公務員から報酬を得て非常勤の消防団員と兼職することを認めるよう求められた場合には、任命権者（法令に基づき国家公務員法（昭和22年法律第120号）第104条の許可又は地方公務員法（昭和25年法律第261号）第38条第1項の許可の権限を有する者をいう。第3項において同じ。）は、職務の遂行に著しい支障があるときを除き、これを認めなければならない。

2　前項の規定により消防団員との兼職が認められた場合には、国家公務員法第104条の許可又は地方公務員法第38条第1項の許可を要しない。

3　国及び地方公共団体は、第1項の求め又は同項の規定により認められた消防団員との兼職に係る職務に専念する義務の免除に関し、消防団の活動の充実強化を図る観点からその任命権者等（任命権者及び職務に専念する義務の免除に関する権限を有する者をいう。）により柔軟かつ弾力的な取扱いがなされるよう、必要な措置を講ずるものとする。

（事業者の協力）

第11条　事業者は、その従業員の消防団への加入及び消防団員としての活動が円滑に行われるよう、できる限り配慮するものとする。

2　事業者は、その従業員が消防団員としての活動を行うために休暇を取得したことその他消防団員であること又はあったことを理由として、当該従業員に対して解雇その他不利益な取扱いをしてはならない。

3　国及び地方公共団体は、事業者に対して、その従業員の消防団への加入及び消防団員としての活動に対する理解の増進に資するよう、財政上又は税制上の措置その他必要な措置を講ずるよう努めるものとする。

（大学等の協力）

第12条　国及び地方公共団体は、大学等の学生が消防団の活動への理解を深めるとともに、消防団員として円滑に活動できるよう、大学等に対し、適切な修学上の配慮その他の自主的な取組を促すものとする。

（消防団員の処遇の改善）

第13条　国及び地方公共団体は、消防団員の処遇の改善を図るため、出動、訓練その他の活動の実態に応じた適切な報酬及び費用弁償の支給がなされるよう、必要な措置を講ずるものとする。

（消防団の装備の改善等）

第14条　国及び地方公共団体は、消防団の活動の充実強化を図るため、消防団の装備の改善及び消防の相互の応援の充実が図られるよう、必要な措置を講ずるものとする。

（消防団の装備の改善に係る財政上の措置）

第15条　国及び都道府県は、市町村が行う消防団の装備の改善に対し、必要な財政上の措置を講ずるよう努めるものとする。

（消防団員の教育訓練の改善及び標準化等）

第16条　国及び地方公共団体は、消防団員の教育訓練の改善及び標準化を図るため、教育訓練の基準の策定、訓練施設の確保、教育訓練を受ける機会の充実、指導者の確保、消防団員の安全の確保及び能力の向上等に資する資格制度の確立その他必要な措置を講ずるものとする。

2　市町村は、所定の教育訓練の課程を修了した消防団員に対する資格制度の円滑な実施及び当該資格を取得した消防団員の適切な処遇の確保に努めるものとする。

第2節　地域における防災体制の強化

（市町村による防災体制の強化）

第17条　市町村は、地域における防災体制の強化のため、防災に関する指導者の確保、養成及び資質の向上、必要な資材又は機材の確保等に努めるものとする。

（自主防災組織等の教育訓練における消防団の役割）

第18条　市町村は、消防団が自主防災組織及び女性防火クラブ（女性により構成される家庭から生ずる火災の発生の予防その他の地域における防災活動を推進する組織をいう。）、少年消防クラブ（少年が防火及び防災について学習するための組織をいう。）、市町村の区域内の公共的団体その他の防災に関する組織（以下「女性防火クラブ等」という。）の教育訓練において指導的な役割を担うよう必要な措置を講ずるよう努めるものとする。

（自主防災組織等に対する援助）

第19条　国及び地方公共団体は、自主防災組織及び女性防火クラブ等に対し、教育訓練を受ける機会の充実、標準的な教育訓練の課程の作成、教育訓練に関する情報の提供その他必要な援助を行うものとする。

（市町村に対する援助）

第20条　国及び都道府県は、市町村が行う自主防災組織及び女性防火クラブ等の育成発展を図るための取組を支援するため必要な援助を行うものとする。

（防災に関する学習の振興）

第21条　国及び地方公共団体は、住民が、幼児期からその発達段階に応じ、あらゆる機会を通じて防災についての理解と関心を深めることができるよう、消防機関等の参加を得ながら、学校教育及び社会教育における防災に関する学習の振興のために必要な措置を講ずるものとする。

　　　　附　則　〔略〕

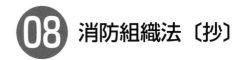 **消防組織法〔抄〕**

（昭和22年12月23日 法　律　第 226 号）

最終改正　平成26年5月30日法律第42号

第3章　地方公共団体の機関

（市町村の消防に関する責任）

第6条　市町村は、当該市町村の区域における消防を十分に果たすべき責任を有する。

（市町村の消防の管理）

第7条　市町村の消防は、条例に従い、市町村長がこれを管理する。

（市町村の消防に要する費用）

第8条　市町村の消防に要する費用は、当該市町村がこれを負担しなければならない。

（消防機関）

第9条　市町村は、その消防事務を処理するため、次に掲げる機関の全部又は一部を設けなければならない。

　(1)　消防本部

　(2)　消防署

　(3)　消防団

（消防団）

第18条　消防団の設置、名称及び区域は、条例で定める。

2　消防団の組織は、市町村の規則で定める。

3　消防本部を置く市町村においては、消防団は、消防長又は消防署長の所轄の下に行動するものとし、消防長又は消防署長の命令があるときは、その区域外においても行動することができる。

（消防団員）

第19条　消防団に消防団員を置く。

2　消防団員の定員は、条例で定める。

（消防団長）

第20条　消防団の長は、消防団長とする。

2　消防団長は、消防団の事務を統括し、所属の消防団員を指揮監督する。

（消防団員の職務）

第21条　消防団員は、上司の指揮監督を受け、消防事務に従事する。

（消防団員の任命）

第22条　消防団長は、消防団の推薦に基づき市町村長が任命し、消防団長以外の消防団員は、市町村長の承認を得て消防団長が任命する。

（消防団員の身分取扱い等）

第23条　消防団員に関する任用、給与、分限及び懲戒、服務その他身分取扱いに関しては、この法律に定めるものを除くほか、常勤の消防団員については地方公務員法の定めるところにより、非常勤の消防団員については条例で定める。

2　消防団員の階級並びに訓練、礼式及び服制に関する事項は、消防庁の定める基準に従い、

市町村の規則で定める。

（非常勤消防団員に対する公務災害補償）

第24条　消防団員で非常勤のものが公務により死亡し、負傷し、若しくは疾病にかかり、又は公務による負傷若しくは疾病により死亡し、若しくは障害の状態となつた場合においては、市町村は、政令で定める基準に従い条例で定めるところにより、その消防団員又はその者の遺族がこれらの原因によつて受ける損害を補償しなければならない。

2　前項の場合においては、市町村は、当該消防団員で非常勤のもの又はその者の遺族の福祉に関して必要な事業を行うように努めなければならない。

（非常勤消防団員に対する退職報償金）

第25条　消防団員で非常勤のものが退職した場合においては、市町村は、条例で定めるところにより、その者（死亡による退職の場合には、その者の遺族）に退職報償金を支給しなければならない。

（特別区の消防に関する責任）

第26条　特別区の存する区域においては、特別区が連合してその区域内における第6条に規定する責任を有する。

（特別区の消防の管理及び消防長の任命）

第27条　前条の特別区の消防は、都知事がこれを管理する。

2　特別区の消防長は、都知事が任命する。

（特別区の消防への準用）

第28条　前2条に規定するもののほか、特別区の存する区域における消防については、特別区の存する区域を一の市とみなして、市町村の消防に関する規定を準用する。

（都道府県の消防に関する所掌事務）

第29条　都道府県は、市町村の消防が十分に行われるよう消防に関する当該都道府県と市町村との連絡及び市町村相互間の連絡協調を図るほか、消防に関し、次に掲げる事務をつかさどる。

⑴　消防職員及び消防団員の教養訓練に関する事項

⑵　市町村相互間における消防職員の人事交流のあつせんに関する事項

⑶　消防統計及び消防情報に関する事項

⑷　消防施設の強化拡充の指導及び助成に関する事項

⑸　消防思想の普及宣伝に関する事項

⑹　消防の用に供する設備、機械器具及び資材の性能試験に関する事項

⑺　市町村の消防計画の作成の指導に関する事項

⑻　消防の応援及び緊急消防援助隊に関する事項

⑼　市町村の消防が行う人命の救助に係る活動の指導に関する事項

⑽　傷病者の搬送及び傷病者の受入れの実施に関する基準に関する事項

⑾　市町村の行う救急業務の指導に関する事項

⑿　消防に関する市街地の等級化に関する事項（消防庁長官が指定する市に係るものを除く。）

⒀　前各号に掲げるもののほか、法律（法律に基づく命令を含む。）に基づきその権限に属する事項

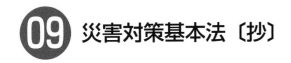

09　災害対策基本法〔抄〕

(昭和36年11月15日)
(法　律　第 223 号)

最終改正　令和５年６月16日法律第58号

（基本理念）

第２条の２　災害対策は、次に掲げる事項を基本理念として行われるものとする。

⑴　我が国の自然的特性に鑑み、人口、産業その他の社会経済情勢の変化を踏まえ、災害の発生を常に想定するとともに、災害が発生した場合における被害の最小化及びその迅速な回復を図ること。

⑵　国、地方公共団体及びその他の公共機関の適切な役割分担及び相互の連携協力を確保するとともに、これと併せて、住民一人一人が自ら行う防災活動及び自主防災組織（住民の隣保協同の精神に基づく自発的な防災組織をいう。以下同じ。）その他の地域における多様な主体が自発的に行う防災活動を促進すること。

⑶　災害に備えるための措置を適切に組み合わせて一体的に講ずること並びに科学的知見及び過去の災害から得られた教訓を踏まえて絶えず改善を図ること。

⑷　災害の発生直後その他必要な情報を収集することが困難なときであつても、できる限り的確に災害の状況を把握し、これに基づき人材、物資その他の必要な資源を適切に配分することにより、人の生命及び身体を最も優先して保護すること。

⑸　被災者による主体的な取組を阻害することのないよう配慮しつつ、被災者の年齢、性別、障害の有無その他の被災者の事情を踏まえ、その時期に応じて適切に被災者を援護すること。

⑹　災害が発生したときは、速やかに、施設の復旧及び被災者の援護を図り、災害からの復興を図ること。

写真・資料提供協力

消防庁
静岡県　　荒尾市　　須坂市　　羽村市　　松戸市
㈱赤尾　　桜護謨㈱　帝国繊維㈱

消防団員と自主防災組織員のための
防災教育指導者テキスト

令和5年9月15日　初　版　発　行

編　　著　　防災行政研究会
発　行　者　　星　沢　卓　也
発　行　所　　東京法令出版株式会社

112-0002	東京都文京区小石川5丁目17番3号	03(5803)3304
534-0024	大阪市都島区東野田町1丁目17番12号	06(6355)5226
062-0902	札幌市豊平区豊平2条5丁目1番27号	011(822)8811
980-0012	仙台市青葉区錦町1丁目1番10号	022(216)5871
460-0003	名古屋市中区錦1丁目6番34号	052(218)5552
730-0005	広島市中区西白島町11番9号	082(212)0888
810-0011	福岡市中央区高砂2丁目13番22号	092(533)1588
380-8688	長野市南千歳町1005番地	

〔営業〕TEL 026(224)5411　FAX 026(224)5419
〔編集〕TEL 026(224)5412　FAX 026(224)5439
https://www.tokyo-horei.co.jp/